Na Medida Certa

Leila Brandão

Dalva Souza

Na Medida Certa

A Educação Infantil na Visão Espírita

LaChâtre

Direitos de publicação cedidos pelos autores ao
Instituto Lachâtre

Caixa Postal 164 – CEP 12914-970
Bragança Paulista – SP
Telefone: 11 4063-5354
Site: www.lachatre.org.br
E-mail: editora@lachatre.org.br
Projeto gráfico da capa: Andrei Polessi

1ª edição
Setembro de 2013
Do 6.001º ao 7.000º exemplar - Reimpressão

Impresso no Brasil
Presita en Brazilo

CIP-Brasil. Catalogação na fonte

Na medida certa / Dalva Silva Souza e Leila Brandão.
1ª edição – Instituto Lachâtre – Bragança Paulista, SP : 2013.

256 páginas

Bibliografia

1. Espiritismo. 2. Educação infantil. 3. Psicologia. 4. Construtivismo.

CDD – 133.9 CDU – 133.7

Aos pais do século 21

Agradecemos à
Beatriz Flora pela importante
unidade sobre o Desenho Infantil;
A Ângela Brandão e Renata Guizzardi, nossas filhas, pela
organização deste trabalho e a monografia
sobre a Fé e a Vontade, respectivamente;
Aos nossos filhos e netos que tanto
nos ensinam.

SUMÁRIO

Introdução

A expressão 'vazio existencial' foi primeiramente utilizada por Viktor Frankl, psiquiatra fundador da logoterapia (a terapia dos sentidos). Sobrevivente dos campos de concentração da Segunda Guerra Mundial, Frankl, durante toda a sua vida, foi um defensor da necessidade humana de procurar um sentido para a vida, porque percebia que o vazio existencial é um dos maiores males da humanidade. Ao escrever *Um sentido para a vida* (Editora Santuário), Frankl lembrou Nietzsche: – "Quem tem por que viver aguenta quase todo como viver" – e argumentou que, para alcançar o sentido da vida, a pessoa precisa ter alguns motivos fortes para viver.

Existe algum motivo mais forte do que sobreviver? Se você não acha que o mais importante a ser ensinado a um ser humano é o 'sentido da vida', este livro lhe apresentará grandes desafios, mas, se você apenas tem dúvidas a respeito disso e quer discutir o assunto, não lhe será tão complicado vir desvendar conosco alguns segredos da educação infantil. O que buscamos é a medida certa: a dose correta de informação com a mesma medida de carinho e de limites. À pergunta – e o amor, esse não é o sentimento maior, o alimento de nossas almas, o ômega da vida e o seu verdadeiro sentido? – respondemos sim, mas contentar-se com esta resposta não coloca você na pista de outras respostas tão necessárias para acalmar o coração no dia-a-dia desafiador que vivemos como educadores.

A vida, que vem de longe, só tem mesmo sentido na construção do amor. Às vezes, cria-se a expectativa de que uma existência seja o bastante para construir esse sentimento e, na maioria das vezes, nem se consegue. Por que será? Perdemos os instrumentos capazes de concluir essa construção? Quais seriam esses instrumentos?

A educação que se pratica de forma predominante em nossa cultura, certamente, está equivocada, porque o ser humano tem-se mostrado angustiado, violento, sozinho e entediado. Pasmem! Temos visto bebês com sintomas depressivos! Assistimos, perplexos, a excessos de toda natureza. Permanecemos mergulhados em tudo que é transitório e superficial, ainda que esses excessos nos penalizem. A sensação que temos é de que a espécie humana está morrendo de fome emocional, porque se tem alimentado de futilidades. Trocar a ética pela estética,[50] "retirar as asas dos pés de Perseu" impedindo-o de vencer a Medusa, cujo olhar transforma tudo em pedra, são atitudes que caracterizam as escolhas que estamos fazendo na modernidade. Estamos nos tornando robôs eficientes, de corações de pedra e olhares vazios! Esse é o futuro que desejamos para os nossos filhos? – Claro que não! Todos nós desejamos e merecemos a felicidade. Compreendamos, pois, que o erro é o resultado da ignorância e não da maldade humana.[51] O mal por si só não existe, ele é uma negação transitória do bem. A escolha é individual, embora saibamos que o resultado da nossa escolha tenha também consequências coletivas. Estamos escravizados às programações milenares calcadas em falsa lógica. Mas isto tem solução! A experiência como mães e professoras nos demonstrou que a Educação Infantil deve se fundamentar em três princípios:

- 1º Principio: A primeira infância é a melhor oportunidade de progresso para a alma imortal, porque ela se reveste de muita candura e os impulsos aprendidos em outras existências ainda estão adormecidos;
- 2º Principio: Nessa fase, o ser se apresenta maleável a novos condicionamentos, sendo possível reprogramar os registros equivocados do passado, latentes em seu subconsciente.

[50] Zigmunt Bauman.

[51] Proposição de Comenius em *Pampédia* (*Pampédia ou educação universal* é um dos sete livros que compõem a obra *Humanarum Rerum Emendation* (*Consulta universal para a reforma das coisas humanas*), de autoria de Juan Amós Comenius, publicada em 1935, quase trezentos anos após a sua morte.

- 3º Principio: Ninguém é filho do erro ou do pecado, somos todos filhos de Deus criados para o amor e a felicidade.

A criança não é um arquivo em branco. Ela traz registros de outras experiências na carne. Os conteúdos existentes no psiquismo dessa criança emergirão, à medida que o organismo for se desenvolvendo, mediante os estímulos que lhe serão oferecidos no contexto em que renasceu. A aprendizagem que esse ser vai desenvolver resultará, portanto, de uma síntese em que é preciso considerar dois elementos: ação exterior e reação interior. A ação exterior, que inclui o trabalho dos educadores, é apenas uma parte do processo, mas que vai atuar de forma significativa na outra parte, a interior, que, por sua vez, depende da bagagem que o indivíduo reencarnado traz das experiências anteriores (as programações).

O educador percebe a fragilidade da criança e se sensibiliza, e esse sentimento é favorável ao trabalho que deverá ser desenvolvido. A natureza estabelece uma estratégia perfeita, ao vestir a infância com a aparência da inocência e da candura, mas é preciso ter em mente que o espírito reencarnado tem pendências a resolver, imperfeições a corrigir e toda uma história já construída por ele mesmo. *A ação dos pais é muito importante, eles são a ponte entre a criança e o mundo.* Uma coisa que dificulta a ação de educar é a impossibilidade de perceber a bagagem interior do educando a partir de uma observação superficial, por isso é preciso estar atento ao que a criança nos mostra.

O educador age sobre a criança e ela vai reagir, mostrando os efeitos do processo, ao longo do seu crescimento. Uma coisa que é preciso destacar aqui é que alguns resultados do processo não são imediatos, podem repercutir muito mais tarde, sem que se possa estabelecer uma ligação muito clara de causalidade entre a ação do educador e a reação do educando. Como exemplos, podem-se citar os casos de traumas ocorridos pela ação equivocada do educador, sem que ele tenha tido consciência disso, que vão eclodir na adolescência ou mesmo na vida adulta do educando. O educador precisa fazer o melhor ao seu alcance, sem grandes expectativas quanto ao resultado, pois estará semeando num campo que, na verdade, não lhe pertence.

Ousamos compartilhar, neste trabalho, nossos achados com você, leitor(a). Dividimos o livro em seis grandes unidades e a nossa proposta é aliar os conhecimentos pedagógicos atuais à filosofia cristã, entendida à luz do espiritismo, que nos permite apreender o sentido da vida. Atingir esse objetivo depende, em grande parte, de você. Participe ativamente: leia, medite, confronte as informações com sua própria experiência de vida e, se qualquer parte do livro despertar em você uma vontade de fazer diferente sua relação com as crianças que estão sob sua tutela e de buscar mais conhecimentos, teremos atingido nossa meta.

Leila e Dalva

Primeira Unidade

Os Primeiros Anos

1. A Primeira Morada

"Era uma casa, muito engraçada, não tinha teto, não tinha nada, ninguém podia entrar nela não porque na casa não tinha chão"... Linda metáfora cantada por Vinícius de Moraes para falar da nossa primeira habitação no mundo material.

Hoje, com os estudos da psicologia e da parapsicologia, sabemos que se podem guardar lembranças de acontecimentos ocorridos desde o ventre materno e que essas lembranças podem interferir no psiquismo do indivíduo ao longo de sua existência. Que forças serão essas?

Para ter essa resposta, precisamos, entre outras coisas, examinar a dona dessa casa que nos acolheu, quando retomamos o corpo físico, para mais uma experiência de aprendizado na Terra. Nosso vínculo com a mulher que nos acolhe em seu ventre exercerá uma poderosa interferência ao longo da existência. Dizem os espíritos que o amor materno é um sentimento instintivo e uma virtude.[52] Trabalhamos bastante com esse tema em outro momento,[53] mas podemos retomar aqui os pontos principais do assunto e, depois, prosseguir no rumo que desejamos para desbravar os caminhos da educação infantil.

Importante perceber a diferença entre o *sentimento materno* e o *instinto materno*. É bem possível que toda mulher tenha o instinto maternal, porque a organização biológica já traz a herança construída

[52] Kardec, Allan. *O livro dos espíritos*, perg. 890.

[53] Brandão, Leila; Souza, Dalva; Guida, Cylene. *A mãe na vitrine.*

no processo de evolução a partir do reino animal, e é natural que o instinto maternal a conduza na proteção da sua cria. Mas o sentimento maternal é desenvolvido com a convivência, no contato diário com o novo ser, ou seja, a partir do nascimento da criança, o amor da mãe se consolida, provocado em parte pela fragilidade do bebê e pela sua necessidade de ser cuidado para que sobreviva. O instinto materno está ligado à parte genética e biológica e tem a ver com a continuidade da espécie, com a necessidade de o ser humano proteger os seus descendentes. O amor materno vai-se construindo na relação, é o mais puro e forte dos sentimentos!

Sabe-se que nem todas as mulheres desenvolvem o sentimento materno. A causa disso está no nível evolutivo desse espírito que encarnou como mulher e também pode ser encontrada no fato de terem existido na vida dela pais ausentes, incapazes de amar e respeitar os próprios filhos. Essa não é, no entanto, uma regra geral, porque existem mulheres que, mesmo passando por tudo isso em sua primeira infância, tornam-se boas mães. Tudo depende, efetivamente, do nível evolutivo do espírito que está na condição feminina, porque, diante de vivências traumáticas, o ser humano escolhe como agir. Não há fatalidade no que se refere às questões morais.

O instinto materno assegura a sobrevivência física, enquanto o amor materno assegura a sobrevivência afetiva. Um bebê que recebe muito afeto, muito carinho e muito toque, será um indivíduo, na vida adulta, capaz de relacionar-se com as outras pessoas, exteriorizando, sem dificuldade, o carinho e o afeto. Um bebê que não receba afeto nem atenção irá sofrer para sobreviver e, provavelmente, tornar-se-á uma pessoa rígida em suas relações com os outros e até consigo mesma.

Existem pessoas que têm instinto maternal e protegem com desvelo os seus filhos, no entanto, ao longo do tempo, não conseguem expressar o amor. Atendem às suas necessidades básicas, mas não sabem dar resposta às afetivas. É importante ressaltar que sentir dificuldades, ter dúvidas sobre a melhor forma de cuidar de um filho não é, como alguns julgam, falta de instinto ou de amor maternal. É perfeitamente natural, porque cada ser humano é único, singular e inigualável, um verdadeiro enigma a ser decifrado.

É muito humano que se tenha dúvida sobre a melhor forma de educar. Sentimento materno não significa dar conta de tudo e fazer tudo perfeito, é um aprendizado e, como tal, tem uma grande quantidade de cores, intensidades e formas e, por isso, demanda paciência, dedicação e perseverança para amadurecer e dar bons frutos.

O período pré-natal é fundamental para a saúde do bebê, até mesmo, e principalmente, em termos psicológicos. A mulher, ao saber que está grávida, deve acolher com muito amor essa presença, sabendo que, nesse período, o ser que ali está registra todas as suas emoções.

Maria Montessori, educadora que ocupa papel de destaque pelas novas técnicas introduzidas nos jardins de infância e nas primeiras séries do ensino formal, dizia acertadamente que "o homem é um ser humano desde o dia do seu nascimento e até mesmo desde o dia da sua concepção"[54] e propunha que a educação da criança começasse bem cedo. E educação, para ela, não era transmissão de saberes, mas a ação que, pela percepção de que a criança tem uma vida psíquica, ajuda esse psiquismo a se desenvolver. O espiritismo, sem dúvida, ratifica cada uma dessas palavras.

É importante desejar muito a construção do amor. Sem a compreensão de que o amor resulta de uma construção diária que nos pede coragem e força de vontade, fica difícil enfrentar os desafios da educação infantil. Nossa tradição cultural, contudo, não nos ajuda muito, porquanto herdamos uma pedagogia centrada em uma visão do ser humano construída pelo pensamento dogmático.

A religião teve grande influência no processo de educação do ser humano. Ao Ocidente chegaram influências fortes da crença instituída ao tempo de Moisés com base em castigos e recompensas terrenas e materiais e da teologia judaico-cristã, fundamentada em sanções espirituais extraterrenas, que misturou a antiga crença do povo hebreu aos ensinamentos do *Evangelho* de Jesus. As religiões que se baseiam nessas ideias, de modo geral, procuram orientar os homens para a prática do bem, como caminho para Deus, mediante ameaças de castigos e promessas de recompensas.

---

[54] MONTESSORI, Maria. *Educação e a paz*. Disponível em http://books.google.com.br. Acesso em 08/10/2009.

O espiritismo, em seu aspecto religioso, também se apoia nos ensinos de Jesus, mas baseia-se numa nova leitura deles à luz das informações trazidas pelos espíritos reveladores. A doutrina não propõe castigos e prêmios como recursos educativos, ao contrário, recomenda a educação integral do indivíduo pelo desenvolvimento de suas potencialidades anímicas.

A influência da religião foi tão forte em nossa cultura que seu sistema educacional repressor foi incorporado pela família e pela escola. A ideia do pecado original em que se apoiou o modelo catequético de educação usado pelos jesuítas ainda tem grande influência no Brasil, gerando uma ação pedagógica acentuadamente repressora. A assimilação de teorias prontas e acabadas impede o desenvolvimento da criatividade e do pensamento crítico. Nosso modelo atual de educação é ainda baseado na visão de mundo que se prende ao passado. Estamos atados ao conceito de castigo instituído por Moisés, sem ter assimilado a ideia amorosa que Jesus introduziu em seu *Evangelho*: nem castigo, nem perdão, mas fazer o bem por ser bom.

O espiritismo pode levar à libertação das amarras do pensamento e favorecer uma ação educacional endereçada ao desenvolvimento integral da criança. Em seu aspecto religioso, pela proposição do desenvolvimento das três mais significativas virtudes: perdão, justiça e caridade, a doutrina inspira a construção de um modelo pedagógico mais democrático e aberto.

Da perspectiva espírita, a criança deve, desde cedo, aprender a relevar os agravos que vier a sofrer, a trabalhar seu sentimento inato de justiça e a dirigir sua força amorosa para o próximo. É preciso lembrar que a justiça divina deseja a vitória sobre o erro e não a morte do pecador, o que torna a vingança um ato de pura ignorância. É preciso que o educador, sobretudo pelo próprio exemplo, leve a criança a promover a emersão de seu potencial anímico de perdão, justiça e caridade. O ato de perdoar é um ato de compreensão, porque hoje todos sabemos que, quando sofremos uma ofensa, o ofensor é quem mais sofre, porque desequilibra todo o seu sistema energético. É importante que os pais ofereçam uma ambientação psicológica favorável ao desenvolvimento da fraternidade entre todos os membros da família, começando por demonstrarem eles mesmos essa capacidade de relacionamento fraterno. Uma ambiência hostil, com manifestações de agressividade e rejeição, ou uma ambiência de superproteção são prejudiciais ao desenvolvimento sadio da criança, podendo provocar enfermidades físicas ou psíquicas e desvios comportamentais graves que comprometem seriamente a capacidade de aprender.

No lar, os pais constroem a psicosfera em que a criança terá que viver e, na escola, são os professores que poderão criar uma ambientação favorável ao pleno desenvolvimento das potencialidades infantis. É preciso, pois, que todos estejam conscientes de suas responsabilidades e se disponham ao esforço de vencer sua própria tendência de repetir com as gerações novas as práticas educacionais de seu tempo de crianças. Estamos vivendo uma nova realidade e os desafios que se apresentam são grandes, mas, se houver amor, todos os obstáculos poderão ser vencidos. Como ensina Emmanuel: "A disciplina e a educação, a escola e a cultura, o esforço e a obra, são flores e frutos na árvore da vida, todavia, o amor é a raiz eterna."[55]

Portanto, apesar das dificuldades da vida, leitor(a), deixe que seu coração se inunde do sentimento de amor, receba com alegria a notícia da chegada de mais um membro da sua família, converse com ele desde os primeiros meses da gravidez, fale, sobretudo, de suas esperanças e sonhos. E, quando ele chegar, acalente-o no seu colo, abra o espaço necessário em sua vida, para que o tempo dedicado a ele seja repleto de carinho, acompanhe o seu crescimento, observando atentamente suas conquistas a cada dia.

Anotamos na tabela a seguir os aspectos mais importantes dos primeiros anos de vida:

---

[55] XAVIER, Francisco Cândido. *Vinha de luz*, Pelo espírito Emmanuel. Capítulo "Com amor".

2 – ETAPAS DO CRES

Não nos esqueçamos de qu

IDADE	RESPOSTAS ESPERADAS
1 MÊS	Abre e fecha os braços em resposta à estimulação (reflexo de Moro); Postura: barriga para cima, pernas e braços flexionados e cabeça lateralizada; Olha para a pessoa que a observa.
2 MESES	Colocada de bruços, levanta a cabeça; Sorri espontaneamente; Fixa e acompanha objetos em seu campo visual.
4 MESES	Colocada de bruços, levanta e sustenta a cabeça.
6 MESES	Levantada pelos braços, ajuda com o próprio corpinho; Segura e transfere objetos de uma mão para outra; Vira a cabeça, buscando a direção de qualquer tipo de som.
9 MESES	Senta-se sem apoio; Arrasta-se ou engatinha; Reconhece as pessoas e responde de modo diferente aos familiares e aos estranhos.
12 MESES	Já faz gestos aprendidos com as mãos e a cabeça (bater palminhas, dizer não com o dedinho, dar tchau, mostrar um aninho etc.)

CIMENTO INFANTIL

ada criança tem o seu tempo.

IDADE	RESPOSTAS ESPERADAS
18 MESES	Anda sozinho, raramente cai; Combina pelo menos duas palavras; Tira qualquer peça do vestuário.
2 ANOS	Corre e sobe degraus baixos; Brinca sempre sozinho, mesmo que em companhia de outras crianças; Diz seu próprio nome.
3ANOS	Já consegue equilibrar-se sobre um pé momentaneamente; Usa frases completas; Já colabora na hora de se vestir.
4 ANOS	Pula sobre um só pé; Brinca com outras crianças; Reconhece mais do que duas cores.
5 ANOS	Pula alternadamente com um e outro pé; Veste-se e come sozinha; Pede ajuda, quando for necessário.

3. O Primeiro Ano de Vida

No primeiro ano de vida, a criança amadurece o sistema neuro-sensorial. É importante que a mãe cante (mesmo sendo desafinada) e converse muito com a criança. Ela está desenvolvendo os seus cinco sentidos, está se conectando ao mundo que a cerca. Se os seus ouvidos forem desenvolvidos com a participação das vozes humanas e as vozes da natureza (canto dos passarinhos, barulhos de cachoeira e outros), a criança terá maior sensibilidade aos sons do que aquela criança que desenvolveu o seu sentido auditivo apenas ouvindo sons do rádio e da televisão.

Se o seu sentido visual for estimulado por objetos simples e coloridos, se houver estímulos para desenvolver o olfato e o tato, num clima de harmonia e carinho, ela irá crescer com o sentimento de que o mundo é bom e vale a pena viver. Se, ao contrário, as pessoas que lidarem com a criança forem quietas e indiferentes, pessimistas e até mesmo revoltadas com a situação e com a vida, o desenvolvimento dos seus sentidos será precário, é provável que seu pensamento caminhe na mesma direção predominante em seu meio e ela passe a achar que o mundo é ruim e chato.

Dizem os especialistas que os bebês se aborrecem tanto quanto qualquer pessoa. Se o ambiente onde se encontram oferece pouco estímulo, irão se assustar com tudo, caso precisem sair do seu espaço protegido. Mas é preciso não exagerar nos estímulos, porque a excitação excessiva poderá torná-los nervosos.

Tente demonstrar, por meio de palavras, ações e gestos, o quanto você gosta de seu filho. As instruções devem ser passadas com palavras e gestos simples. Por exemplo: aponte um objeto para fazer com que ele olhe numa direção.

É muito natural que a criança, em estado de desconforto, chore, mas, se está chorando demais, é necessário apurar a razão do choro. Muitas vezes, ela só necessita de ser acariciada e levada ao colo. Devemos tomar cuidado para não confundir a necessidade de alimento emocional com a de alimento material. É importante identificar o choro diferenciado do bebê. O choro de fome é diferente do choro por outras causas: dor, estar molhado, necessitar de aconchego etc.

Depois do período passado no útero, em que a mãe alimenta o filho com seu próprio sangue, segue-se um período em que a criança permanece ligada psiquicamente a ela, alimentando-se de sua energia psíquica (psicosfera). Ainda antes da fecundação do óvulo, o perispírito do reencarnante é ligado ao perispírito da mãe.[56] Quando se dá o nascimento, rompe-se o cordão umbilical físico, mas não o psíquico, por isso são tão danosos os efeitos da carência da afeição materna. Essa carência de afeição prejudica o fluxo de energia que parte da mãe e envolve o filho nos seus primeiros tempos de vida na Terra, período em que esse fluxo é absolutamente essencial para o desenvolvimento do ser. No caso da criança adotada, não há a ligação psíquica anterior, uma vez que ela não foi gerada pela mãe que a adotou, mas a aceitação, o afeto dessa mulher que se dispõe a assumir a maternidade propicia a ligação psíquica necessária. A criança tem tanta necessidade desse *alimento psíquico* que fará instintivamente qualquer coisa para obtê-lo. Poderá, nos primeiros anos de vida, submeter-se passivamente a situações de humilhação impostas pelos pais; poderá reagir com agressividade e rebeldia, assumindo comportamentos inadequados para chamar a atenção; poderá até mesmo adoecer, se isso significar ganho de carinho e afeto.

Na ação de educar, podemos agir em uma de duas direções que se opõem: ou consideramos o educando uma individualidade que possui potencialidades a serem desenvolvidas e lhe oferecemos estímulos para manifestar sua espontaneidade, sua criatividade e seu espírito

[56] XAVIER, Francisco Cândido. *Missionários da luz*. Pelo espírito André Luiz. Cap. 13.

crítico; ou percebemos a criança como um ser que deve ser domesticado e reprimimos sua espontaneidade, desvalorizamos sua criatividade e impedimos a manifestação de seu espírito crítico. A proposta espírita para a educação infantil pode ser extraída do roteiro traçado sinteticamente por Kardec, quando define a educação como uma arte que exige tato, experiência e observação.

Ter tato é ter empatia com a criança, fazer o esforço para intuir o que as coisas podem significar do ponto de vista dela, que é individualidade imortal ligada a um corpo que obsta a manifestação de suas potencialidades. É preciso descobrir como estabelecer uma comunicação adequada às limitações do bebê. Até onze ou doze anos, a criança ainda não é capaz de pensar abstratamente, pois o seu cérebro físico ainda não atingiu o amadurecimento necessário. 'Surrar' e castigar são meios inadequados de comunicação com a criança. Os danos impostos aos sentimentos que ela nutre por seus pais podem ser extremamente prejudiciais à ação educacional que se pretende empreender. O educador que tem tato sabe encontrar o caminho de levar a criança a querer agir de modo a ficar bem com a sua própria consciência.

A experiência é o outro fator apontado pelo Codificador, mas não existe, em nossa cultura, uma orientação para a paternidade ou a maternidade. É preciso ler sobre o assunto e conversar com pais mais experientes, sem buscar receitas prontas. O mais importante é que os pais se interessem e se envolvam emocionalmente com o filho(a), deixando fluir de dentro de si mesmos uma compreensão intuitiva daquele espírito que foi trazido ao seu lar, sem descuidar dos esforços para se conhecer melhor e alcançar uma consciência mais profunda de sua própria individualidade. Esse conhecimento de nós mesmos em relação a outra individualidade ligada a nós por laços consanguíneos nesta vida e ligações afetivas talvez milenares não nos pode ser dado por terceiros, ainda que sejam grandes especialistas em educação.

O terceiro item, a observação, exige que estejamos atentos, para ver o que a criança espontaneamente nos mostra. Kardec afirmou que "quando se conhecer a arte de se manejar os caracteres, como se conhece a de manejar a inteligência, conseguir-se-á corrigi-los ...".[57] Pre-

[57] Allan Kardec. *O livro dos espíritos*, perg. 917.

cisamos, pois, ter um tempo de contato com nosso filho, ainda que o trabalho demande horas do nosso dia. Nesse tempo de contato, vamos olhá-lo com atenção, analisar suas expressões, conversar informalmente, desde os primeiros dias, acompanhar suas conquistas e verificar sinais emocionais.

Gostaríamos de lembrar, também, informações preciosas da parapsicologia, quando nos fala da ligação psíquica do primeiro filho (sexo masculino) com a mãe e a primeira filha (sexo feminino) com o pai. Psiquicamente, o primeiro filho é o provedor, o que será capaz de proteger a mãe e a prole na ausência do marido. É preciso tomar cuidado para que essa ligação psíquica não prejudique o primeiro filho. O mesmo se dá com o vínculo da filha com o pai, que, na vida adulta, fica em busca de um parceiro que se assemelhe a seu pai. Mimos em excesso só prejudicam esses seres.

À medida que a criança cresce, fornecer-nos-á outras formas de observação. Uma delas, muito importante, é o desenho que vamos ver na quinta unidade, graças à contribuição de uma especialista no assunto.

4. Compartilhando Experiências

4.1 O nome do bebê

O nome da criança faz parte da sua identidade. Muitos pais desconsideram a importância da escolha do nome. É muito comum, no Brasil, a criança ser registrada com um nome e ser chamada por outro nome. Isso pode provocar na criança, quando se tornar maior, uma crise de identidade e, muitas vezes, uma mágoa profunda. Os pais, desatentos a isso, não discutem a escolha do nome e, depois, criam conflitos que demandarão tratamentos psicológicos na vida adulta de seus filhos. Colocar nomes de personagens famosas, de artistas, de líderes religiosos, pode causar constrangimentos para o indivíduo por toda a sua vida.

Na escola, é importante apresentar a certidão de nascimento para constatar se o nome da criança é o nome utilizado pela família. É incrível como ocorrem verdadeiros absurdos! O sentimento de rejeição que invade a criança, quando descobre que seus pais descuidaram do seu nome, é terrível. Não faça isso com a sua criança!

Ao saber que um bebê está a caminho, os pais devem combinar que nome darão à criança, assim que souberem se é menino ou menina. Caso não desejem saber o sexo do bebê antes do seu nascimento, podem discutir sobre um possível nome para menino, outro para menina e considerar a opinião dos demais familiares. O melhor é buscar um consenso e estabelecer um acordo com os familiares para que chamem a sua criança pelo seu nome, ou mesmo por um apelido carinhoso, sem, no entanto, omitir-lhe o seu verdadeiro nome. É, também, positivo para a criança saber o porquê do seu nome e quem o escolheu.

Certa feita uma senhora me contou que, durante toda a gestação da sua primeira filha, ela a chamou por um nome de que gostava muito. Quando a criança nasceu, a sua sogra lhe pediu muito que não desse aquele nome para a filha, porque era um nome de gente que sofria muito. Ainda jovem e muito impressionada, optou por outro nome. O resultado foi que a criança, até à fase adulta, não gostava do próprio nome. A maioria das pessoas ignora que o bebê participa de tudo, mesmo estando no ventre materno, mas aquela criatura, desde quando nasceu, não se identificou com o novo nome.

4.2. A mamadeira e o bico

Faça o possível e o impossível para amamentar o seu bebê. Houve um tempo em que era comum 'secar-se' o leite por muitas razões, inclusive, por pura vaidade. Hoje, no entanto, sabe-se que o leite materno, além de ser o alimento ideal para o bebê, é ainda, e principalmente, a maior prova de aceitação e amor pelo novo ser. O sentimento de rejeição que o bebê experimenta, quando é privado desse contato íntimo com a mãe, vai machucando vida afora. Existem casos, no entanto, em que o uso da mamadeira se faz necessário muito cedo.

Em *O Globo* de 28/05/2000 - "Jornal da Família" - encontramos uma reportagem do dr. Sérgio G. Petersen sobre "A maneira correta de usar a mamadeira", da qual destacamos algumas informações:

> (...) Os bicos da mamadeira devem ter orifícios finos, que obriguem o bebê a fazer sucção para conseguir ingerir o leite. As crianças que são alimentadas através de mamadeira devem ser acomodadas numa posição mais ereta possível; assim os músculos trabalham contra a força da gravidade. Outra recomendação é não dar a mamadeira fora das horas normais de alimentação. Especialistas em odontologia pediátrica afirmam que este hábito é uma das principais causas de cárie.
>
> Quando dormimos, a quantidade de saliva diminui drasticamente. Isto facilita o acúmulo e a permanência do líquido açucarado nos

> dentes por longo tempo, produzindo o que os dentistas chamam de "cárie de mamadeira" ou "síndrome da boca de mamadeira". Da mesma forma que as células do corpo dependem da corrente sanguínea para receberem seus nutrientes, o esmalte dos dentes precisa da saliva.
>
> Quando a mamadeira é usada para tranquilizar a criança, o recipiente deve estar cheio de água pura. A água não causará danos aos dentes como as bebidas contendo carboidratos (açúcares). Se os pais desejam que seu filho faça parte de uma geração livre de cáries, eles devem manter os dentes da criança sempre limpos, sem placa bacteriana.
>
> A melhor maneira de evitar a "cárie de mamadeira" é não dar a mamadeira para a criança ficar sugando na cama, após ter atingido a idade de um ano... Outra medida é não dar a mamadeira na hora de dormir. É essencial seguir a orientação preventiva para ter dentes fortes e saudáveis...

Ressalta-se, também, que o furo da mamadeira deve ser fino, mas não tanto que a criança desista de se alimentar. Já presenciamos um desses casos em que o bebê adormecia antes de estar alimentado, de tanto fazer força para retirar o leite, já que o mingau estava muito grosso e o furo muito pequeno. Acordava com fome, momentos depois...

O bico ou chupeta é outro ajudante dos pais, porque acalma o bebê. Sugar é uma necessidade desde os primeiros dias de vida. O ato de sugar produz prazer, alegria e tranquilidade. (Vide o "uso da chupeta", item 4.9)

4.3 Doze dicas para amamentar e desmamar

A amamentação bem como o desmame tem os seus segredos. Assim como existem mães que têm muito leite e sentem um enorme prazer em amamentar, existem outras que têm muita dificuldade, o que é uma pena! Em todos os casos, é muito importante seguir as orientações do médico e a própria intuição.

O reflexo de sucção é o meio pelo qual a criança entra em contacto com o mundo e trata da sua sobrevivência. Vamos às dicas:

1. Um bebê precisa mamar e chora muito até que essa necessidade seja satisfeita. O choro de fome é logo identificado pela mãe, porque é diferente dos

choros de outras necessidades. Mantenha a calma. A sua energia é vivenciada pela criança. Não tenha medo. Só morre de fome a criança que não tem o que comer;

2. Não acorde o bebê para mamar. Espere a sua solicitação, mas não o deixe esperando muito tempo. Esteja com tudo preparado, aguardando o bebê solicitar;
3. Depois de dois meses, já será possível substituir uma mamada por uma mamadeira para a criança ir se acostumando à nova alternativa. Ela deverá ser dada sempre no mesmo horário (de preferência a última do dia). Depois que a criança estiver familiarizada com a mamadeira, ela poderá ser dada pelo pai, para que ele, também, seja engajado no ato de amamentar. Isso poderia evitar o ciúme que alguns pais sentem dos bebês;
4. Se, após um bom tempo de mamada, em um e outro peito, a criança ainda se mostrar tensa e irrequieta, faça um intervalo menor entre as mamadas. Se já utiliza a mamadeira, observe se o furo do bico não está grande demais e diminua o furo, para que ela tenha um tempo maior de sucção, mas não tanto que se canse demais ao mamar. Pode acontecer que a necessidade física tenha sido satisfeita e a necessidade emocional ainda não. A chupeta pode ser também uma alternativa. Não há nada contra, só que serão dois desmames (da mamadeira e da chupeta) ao invés de apenas um;
5. Um bebê saciado relaxa todos os músculos, sorri e adormece tranquilo;
6. O desmame mal feito pode resultar em frustrações que trazem consequências na vida adulta. "É interessante saber que muitos especialistas em saúde mental alegam que a bebida, o fumo excessivo e outras práticas orais se relacionam com a frustração na ocasião do desmame (Lee Salk. *O que toda criança gostaria que seus pais soubessem*);
7. Em torno dos seis meses, mais ou menos, a criança já tem condição de segurar a própria mamadeira ou uma canequinha. Ela aprenderá a beber água ou suco na caneca com ajuda. Assim, aos poucos, será possível ir substituindo todas as mamadas, sem criar estresses;
8. Desmamar a criança cedo demais ou abruptamente é mais prejudicial do que desmamá-la tarde demais;
9. Até um ano de idade ou mais, é saudável amamentar;
10. Não associar o desmame do primeiro filho ao nascimento do segundo. Se possível, dê tempo para o primeiro tornar-se um pouco mais independente. É sábio dar um intervalo mínimo de dois anos de um filho para outro, porque sacrifica menos a família;

11. A mamadeira não precisa ser aquecida, a não ser em regiões muito frias. A última mamadeira poderá ser às 24 horas (poderá ser dada com o bebê dormindo) e a primeira às seis horas da manhã, se a criança já estiver acordada. Não acostume a criança a mamar durante a madrugada.
12. Verbalize, com cantigas suaves, o amor que sente por esse novo ser que chega ao mundo. É importante para o bebê ouvir a voz de sua mãe. Não se esqueça, também, de meditar e orar. A prática da oração e da meditação traz equilíbrio e força.

4.4. As cólicas do bebê

É comum ocorrerem cólicas nos primeiros três meses do bebê. Ele dobra as perninhas sobre a barriga e chora sem parar. A maioria das cólicas é provocada pelo ar que a criança engole, enquanto chupa e também pela qualidade dos alimentos ingeridos pela mãe no período da amamentação. Não são todas as crianças que têm cólicas. A incidência é maior nas crianças que mamam pouco tempo no peito e chupam muito a 'chupeta.'

Como proceder?

Constitui um bom teste de paciência e amor esse período de cólicas, especialmente se ocorrerem pela madrugada. A mãe não deve ficar nervosa, porque o seu nervosismo fará com que o quadro de dor da criança piore. Na crise, deve respirar fundo e com carinho virar a criança de bruços em seu colo, colocando uma pequena bolsa de água quente envolta em toalha sob sua barriga. Cantarolar baixinho até que a dor melhore. Se a criança adormecer, leve-a de volta à cama, deitando-a no lado direito para facilitar a passagem do alimento para os intestinos. Nunca colocá-la na cama, após a mamada, sem o famoso 'arroto.' Algumas pessoas recomendam os chazinhos de erva-doce, erva-cidreira ou camomila. Os especialistas divergem quanto à prática do chá. Todos, no entanto, são unânimes em afirmar que não devem ser adoçados, porque o açúcar fermenta muito, provocando ainda mais gases.

Durante o dia, pode-se colocar a criança deitada de costas, levantar as suas perninhas (as duas juntas) comprimindo-as levemente sobre o ventre para expulsar os gases. Só oferecer algum tipo de remédio sob orientação médica. Nenhuma droga, mesmo as homeopáticas, deve ser dada sem a participação do médico. Seguir também a orientação médica com relação aos alimentos a serem evitados.

4.5. Retirando a fraldinha

É natural a criança sentir dificuldade em controlar a urina, especialmente durante o sono físico. Esse controle depende da maturidade de alguns nervos e músculos da criança que serão treinados pela educação. Toda criança alcança esse aprendizado, a não ser que tenha algum problema na bexiga ou nos nervos de controle.

A época ideal para retirar a fralda é a partir dos quinze meses. A criança já sabe falar e tem condições de pedir para fazer o xixi e o cocô. É importante ressaltar que o controle das necessidades fisiológicas não está ligado à capacidade intelectual.

Ao começar esse treinamento (sugerimos que seja feito no verão), é preciso retirar a fralda em todas as condições. Não adianta tirar na escola e manter em casa, para dormir, ou quando levar à casa da vovó ou a qualquer passeio. Esse treinamento exige também dos pais e educadores muita paciência e carinho, porque o processo pede muita concentração da criança para prender a urina e soltá-la no momento ideal.

Sob forte tensão ou então quando está muito absorvida pelo que está fazendo, é natural a criança urinar nas calças. Cabe aos pais e educadores perguntar-lhe, de vez em quando, se não quer ir fazer xixi.

Nenhuma criança faz xixi na cama porque quer. Se o faz é porque ainda não aprendeu o controle ou não consegue por motivos de saúde. Castigar a criança ou humilhá-la com palavras cruéis, como, por exemplo: "Que vergonha, fez xixi outra vez!" ou chegar ao cúmulo do absurdo de dar-lhe algum castigo por um ato de que não teve culpa só faz com que o problema se agrave. É também ruim dizer que foi a chuva. O ideal é proceder com naturalidade, mostrando-lhe que é possível acordar sequinho se esvaziar a 'bolsinha do xixi' antes de adormecer.

A mãe deve começar a contar para a criança, em forma de história ou caso, que ela já será capaz de ficar sem fraldas, porque será capaz de pedir para usar o troninho ou o vaso. Os pais jamais devem usar seu amor pelo filho como prêmio ou castigo para o êxito ou o fracasso dele nessa tarefa. Exemplo: "Se você fizer xixi na calça, o papai não vai mais gostar de você" ou "Que menino porco, fez xixi na calça de novo!"

Não crie expectativa de tempo para o êxito nessa tarefa. Acostumar-se à nova situação pode levar de dois meses a um ano ou mais. Cada criança tem o seu tempo. Existem algumas situações que podem fazer com que a criança volte a urinar na calça ou na cama: conflito entre os familiares de que ela participe sem compreender (gritarias nas brigas domésticas), o nascimento de um irmão, a morte de alguém da família, os adultos à sua volta passando por momentos de grande sofrimento ou, até mesmo, um simples afastamento do pai por motivo de trabalho pode ocasionar a recaída. Paciência e carinho são os ingredientes necessários a essa conquista.

A urina e as fezes são os produtos da criança. Ela terá curiosidade em tocá-los. Não faça cara de 'nojo' ou verbalize a sua indignação, quando a criança tiver o ensejo de tocar as suas fezes. Aja com naturalidade, explicando-lhe que são produtos que o organismo não aproveitou e que, por isso, precisam ser eliminados. A criança adora dar 'adeusinho' para suas fezes e urina.

4.6. O medo noturno

> (...) Na hora de ir para a cama, as crianças fazem o que está a seu alcance para que os pais não saiam do quarto e elas não precisem dormir... Vai ficar com sede, vai querer ouvir uma história a mais, uma música e, se nada disso funcionar, pode recorrer ao expediente infalível: pedir beijinhos. Se os pais saem do quarto e o filho está no berço, chora. Se já tem sua cama, chora também e vai atrás. Como são profissionais da manha e realizam as cenas com talento, muitas vezes as crianças acabam conseguindo o que querem. Segundo um estudo sobre sono infantil publicado pelo pediatra Richard Feber, da universidade de Harvard, não resta dúvida. Essa novela e também a maior parte dos distúrbios relativos ao sono são causados pela falta de rotina, por falta de disciplina, e não por um problema realmente grave... (Revista *Veja* – Edição Especial – "Sua Criança do nascimento até os cinco".)

A criança nesta faixa etária já está percebendo melhor o mundo que a rodeia e por isso sente medo do escuro e da noite. Muitas delas relatam que veem monstros e bichos nas janelas e no quarto. Não se preocupe, é natural. É importante a preparação para dormir, antes de levá-las para a cama (sempre no horário marcado - pode-se até vincular isso a algum hábito da família como, por exemplo: "Terminou o jornal do papai, vamos nos preparar para dormir?")

Como seria a preparação para dormir?

São muitos os preparativos, vamos enumerá-los:

1. Nunca colocar a criança na cama com a mesma roupa que estava usando, vestir o pijama ou a camisola;
2. Escovar os dentinhos (se são ainda bebês, verificar se estão limpinhos);
3. Explicar, sempre, o porquê desses procedimentos;
4. Explicar a razão e a importância do sono;
5. Cantar uma música suave para o relaxamento;
6. Orar para o anjo da guarda protegê-la;
7. Escurecer o quarto;
8. Solicitar à criança que feche os olhinhos, para ouvir uma breve história da mamãe ou do papai;
9. Dar boa-noite e afastar-se vagarosamente, dizendo-lhe que está no quarto ao lado para o que ela precisar;
10. Quando pequeninos, associamos o ato de dormir à separação dos pais. É interessante, pois, que fiquemos com nosso bebê nos trinta minutos que antecedem sua ida para a cama. (Esses trinta minutos que antecedem a ida para a cama devem ser gastos com brincadeiras calmas, na sala ou em qualquer outro lugar da casa, nunca com a TV ligada. Não divida o tempo seu e do seu filho com a TV).

Obs: Essa é uma sugestão de rotina. Cada casal deve estabelecer a sua, ou seja, estabelecer um procedimento padrão para a hora de dormir. Se você definir que a ordem é banho, jantar e cama, faça sempre assim. Se a criança tiver 'refluxo' e 'hérnia de hiato' não deverá dormir após o jantar ou após qualquer refeição. Consulte um médico sobre o assunto. A refeição deverá ser feita mais cedo e, em seguida, desenvolver uma atividade calma, tal como brincar de cantar, ler histórias e outras do mesmo gênero para dar tempo ao organismo de processar o alimento.

Atenção: Por mais incômodo que seja deixar a criança chorar no berço, os pais não devem tirá-la dali. Se todas as vezes que chorar, ela for levada ao colo, vai sempre repetir a cena. Converse, calmamente, com ela, observe se algo a importuna, como: fralda molhada, muita roupa, nariz entupido ou mesmo a necessidade momentânea de um aconchego. Faça-lhe carinho no rosto, nos cabelos e diga-lhe novamente que está no quarto logo ao lado. Não fique ao lado do berço, até que ela durma, porque passará a exigir isso dos pais e exercerá uma tirania sobre todos. Ainda que volte um pouco mais tarde, não deixe que o seu filho cresça exigente e caprichoso. *(Mas, por favor, não permita que seu filho fique chorando por mais de 20 minutos seguidos!)*

É preciso esclarecer que, se os pais não estabeleceram uma rotina para a criança, ela terá dificuldades em dormir e, nesse caso, recomendamos que o seu berço seja colocado no quarto dos pais (pelo menos até passar a crise de choro noturno). Quando os pais moram em cidades diferentes de seus parentes, ou seja, não contam com a ajuda dos familiares e vivem viajando com a criança, porque não têm ninguém de confiança com quem deixá-la, é natural que, ao deitar-se, ela tenha medo da sensação de estar 'perdendo os pais'.

Nariz entupido - É importante observar as narinas da criança, antes de colocar qualquer medicamento, porque, às vezes, há simplesmente secreção em excesso e uma boa limpeza resolve o problema.

4.7. O sono agitado e a corrida para a cama dos pais

Durante o sono físico, podem ocorrer pesadelos e a criança acaba correndo para a cama da mãe. Pesadelos acontecem e são normais na vida da criança, porque é uma forma de lidar com sentimentos ruins que ela começa a vivenciar.

A mamãe ou o papai deverá levá-la de volta para a sua cama com muito carinho e paciência, demonstrando-lhe que a falta de espaço na cama dos pais poderá fazer com que o corpinho dela amanheça dolorido, se ela insistir em dormir junto deles. Não adianta, também, repreendê-la, dizendo-lhe que o 'bicho-papão' ou qualquer outro personagem que ela tema não existe, porque as crianças têm uma lógica própria, vivem em um ambiente de faz-de-conta e se sentem cercadas por um universo de personagens mágicas.

Ficar o tempo que for necessário para que a criança sinta a importância de cada um dormir em sua própria cama. Deixar a criança dormir na cama dos pais não traz vantagens para ninguém. Pode criar um hábito difícil de ser retirado.

Existe ainda a possibilidade de que a criança esteja percebendo a presença de seres espirituais, efetivamente. Caso o ambiente da casa não esteja resguardado pela oração, é possível que essas presenças sejam assustadoras.

Conhecemos o caso de uma família que vivenciou dificuldades sérias com a primeira filha, durante os primeiros meses de vida. A criança chorava continuamente à noite e acordava assustada. Foi solicitada uma orientação espiritual e apurou-se que havia uma entidade necessitada no ambiente da casa. Depois do atendimento a essa criatura desencarnada, a criança passou a dormir normalmente. A família, depois dessa experiência, passou a realizar a reunião semanal para leitura do *Evangelho* e oração, o que estabeleceu uma ambiência muito favorável ao desenvolvimento do bebê.

4.8. A perda do fôlego

A perda do fôlego ocorre quando a criança passa por um acontecimento de carga emocional muito grande. Um susto, uma queda ou uma contrariedade que lhe provoque um choro muito intenso e violento. De repente, o choro para e a criança solta o ar dos pulmões interrompendo a respiração. Esses acessos duram pouco e logo ela volta a respirar normalmente. Isso ocorre nas crianças mais sensíveis, ativas e enérgicas que reagem com vigor às situações contrárias às suas expectativas. Muitos estudiosos pesquisaram esse comportamento e verificaram que é mais comum em famílias cujos pais são emocionalmente instáveis e que reagem às crises com gritos, violência ou repressão constante. Em outras palavras, são comportamentos aprendidos. Outro dado também importante é que as crianças anêmicas são mais irritáveis, porque, consumindo suas reservas de oxigênio com maior rapidez, ficam mais propensas ao problema. Os pais devem ficar calmos e, se houver convulsões, tomar cuidado para que não caiam da cama ou do colo. Não maximizar o ocorrido com excesso de cuidados depois da crise para que a criança não utilize esse procedimento para conseguir aquilo que deseja.

É lamentável que ocorra briga entre os casais e eles reajam culpando-se mutuamente, porque não atenderam à exigência da criança. O ideal é que, depois do susto, os pais possam perceber que a convivência amorosa e o respeito, no ambiente do lar, são responsáveis pela saúde emocional de todos.

4.9. O uso da chupeta

> A boca é provavelmente o centro das melhores experiências do bebê. Com a boca, ele tem o mais íntimo contato com a mãe, obtém prazer, resolve o desconforto da fome, procura explorar e conhecer o que chega a seu alcance, comunica-se melhor etc. Mesmo quando não está mamando, ele sente prazer em chupar, o que também alivia a sua ansiedade e lhe dá segurança. (Lobo , Alfredo. *A aventura de crescer.*)

As opiniões divergem quanto à data mais apropriada para tirar a chupeta da criança. Dizem alguns psiquiatras infantis que o uso da chupeta é esteticamente feio, porque tapa a boca; e o fato de ser feio incomoda mais aos pais que o fato de fazer mal à criança. Cremos, no entanto, que o ideal seria não precisar oferecer a chupeta. Criar dependência a uma só chupeta é bastante prejudicial por questão de higiene. É importante, portanto, ir trocando os bicos, para que a criança não se acostume só com um. À medida que vai diminuindo a sua ansiedade, ela, por si só, vai abandonar a chupeta ou trocá-la, tranquilamente, por um presente ou passeio desejado. Tirá-la abruptamente não é o ideal, mas se você já o fez, aguente as consequências e não volte atrás, caso contrário, serão dois momentos de sofrimento, ao invés de um.

4.10. As refeições

As refeições devem acontecer nos mesmos horários todos os dias. O almoço, por exemplo, pode ser vinculado ao banho. A criança brinca à vontade, depois toma seu banho e sabe que a refeição lhe será servida. Deve-se obedecer a um prazeroso ritual:

1. Lavar as mãos e o rosto (caso não se vincule o almoço ao banho) – deve-se explicar sempre o porquê desse hábito;

2. Observar a posição do corpo ao sentar-se à mesa;
3. Agradecer a Deus pelo alimento, pedindo que lhe proporcione muita saúde e alegria;
4. Manter conversa agradável durante as refeições (sendo o nosso corpo uma verdadeira usina de energia, alimentamo-nos, também, das vibrações do ambiente. Discussão e briga durante a refeição envenenam o alimento do seu filho, por mais fresco e saudável que ele esteja. Relembrando a frase de Chopra: "Onde quer que vá o pensamento irá um elemento químico." *(A cura quântica.)*

Quando uma mãe chega, contando que seu filho não gosta de se alimentar, ficamos a nos perguntar intimamente:

- Qual será o ambiente espiritual de sua casa?
- A criança tem horário certinho para se alimentar?
- Será que come muito chocolate e balas entre as refeições?

o

5. Nunca se deve fazer chantagem para a criança se alimentar, como, por exemplo: se comer tudo, vai ganhar aquele joguinho que queria ou, muito menos, se não comer, a mamãe não vai mais gostar de você. Todos esses 'jogos emocionais' são negativos. Pior ainda é usar força e violência para que a criança se alimente. Os pais mais saudosistas dizem: - No meu tempo, a criança era obrigada a 'raspar o prato', sem escolher o tipo de comida! No entanto se esquecem de dizer: - Hoje em dia, já adultos, parecem que perderam a alegria de viver!
6. Escovar os dentes (aprender a técnica de escovar os dentes);[58]
7. Ajudar o papai e a mamãe na arrumação da cozinha, se a família não tem empregada para fazê-lo.

No jornal *O Globo* (28 de maio de 2000), saiu publicada uma importante reportagem: "A guerra pela alimentação saudável", da qual transcrevemos:

[58] Segundo o dentista Robson Cunha, professor de Odontologia da Universidade Estadual Paulista, 18% das crianças brasileiras menores de três anos de idade têm cárie... Manchas brancas nos dentes são o primeiro sinal. Nesta fase, ainda é possível interromper a evolução da cárie com flúor e higiene correta. Fonte: *O Globo,* (28.05.2000), "Cuidado com a cárie".)

O nutricionista Leonardo Haus adverte que, dos dois aos cinco anos, a maioria das crianças come o que há em casa. Se os pais comem frituras e refrigerantes, elas seguirão este caminho. A melhor maneira de ensinar uma criança a se alimentar de maneira saudável é o exemplo dos pais que comem alimentos nutritivos e saborosos...

A criança ou o adolescente que não consegue educar-se para uma boa alimentação tem um problema afetivo com os pais. Neste caso, recomenda-se terapia para pais e filho.

Na relação com nossos filhos, precisamos ter uma grande capacidade de adaptação, pois, à medida que crescem, alteram-se suas necessidades, interesses e competências. Vamos prosseguir em nosso caminho de acompanhar o crescimento deles.

4.11. - Os doze mandamentos até o terceiro ano de vida

PRIMEIRO: Não deixe nunca a criança sozinha. Ela precisa da presença do adulto para se sentir segura e feliz;

SEGUNDO: A criança que chora tem sempre um motivo. Tente descobrir e eliminá-lo, se possível;

TERCEIRO: No momento em que estiver com a criança, esteja realmente com ela, sem má vontade ou devaneios. Olhe para ela nos olhos, fale com ela;

QUARTO: Tente repetir a rotina sempre na mesma ordem. Fale claramente o que está fazendo e deixe que ela participe daquilo que já conhece;

QUINTO: Cada criança tem o seu ritmo próprio (atender as diferenças individuais). Faça as coisas com calma;

SEXTO: Deixe a criança dormir quando estiver com sono e não a acorde;

SÉTIMO: Coloque, sempre, poucos brinquedos simples e bonitos à disposição da criança;

OITAVO: Lembre-se de que brincar é a atividade mais séria da criança. Ela nunca para quieta, quer agir, transformar, conhecer, explorar;

NONO: Fale sempre com voz clara, pronunciando bem as palavras, em tom carinhoso. Não precisa modificar a voz. Pronunciar errado as palavras não é bom;

DÉCIMO: Ao mostrar que a criança está em erro, abrace-a e em seguida explique claramente a maneira certa, sem irritação, apenas seriamente (o grito é inadmissível);

DÉCIMO PRIMEIRO: Todas as atitudes a serem tomadas com a criança devem ser conscientes e amorosas. Um sim ou um não precisam ser cheios de certeza - o sim de hoje, que amanhã será não, deseduca;

DÉCIMO SEGUNDO: A estética do ambiente e dos objetos é grande estímulo para que a criança seja criativa e redobre os seus esforços. Trate os espaços da criança como infantis.

Segunda Unidade

A Partir dos Quatro Anos

– Novas Fronteiras –

1. A Segunda Fase da Infância

1.1. A criança de quatro a sete anos

Aos quatro anos, a criança já se desenvolveu bastante fisicamente, já faz novos amigos e vive numa variedade de ambientes, onde aprende novidades e adquire a noção de alguns dos riscos que nos cercam. A aprendizagem mais significativa dessa fase talvez seja a de se comunicar com aqueles que a rodeiam para trocar informações e dizer o que está sentindo. É muito importante a convivência com outra criança, para aprender a ceder a vez para falar e brincar, aprender a compartilhar, a aceitar regras para as brincadeiras, a compreender os sentimentos e vontades do outro. Os pais e/ou educadores precisam saber aproveitar as oportunidades dessa fase.

Nessa idade, a criança funciona melhor em dupla, pois ainda é difícil administrar, ao mesmo tempo, mais de uma relação. Como não sabe analisar a situação e pensar abstratamente, quando estabelece uma boa interação na dupla, a criança rejeita uma terceira pessoa, manifestando desagrado com sua aproximação e tentativas para participar também. Os pais precisam aprender a administrar isso, não se agastando se forem rejeitados e ensinando a criança a dizer ao terceiro elemento que não deseja brincar com ele naquele momento, de forma mais gentil, se sua atitude for mais agressiva, como, por exemplo, empurrar o outro, dizendo: "Vai embora, não gosto de você." Caso os pais percebam os próprios filhos como o terceiro elemento, o que é rejeitado, vão precisar também ajudá-lo a expressar sua emoção e a superar a manifestação de rejeição do outro.[59]

O contato com outras crianças também é fator de desenvolvimento da fantasia. Quando a criança usa o verbo no imperfeito do indicativo é que está entrando no mundo de faz de conta: "Eu era o rei e você o príncipe..." E por aí vai, criando o enredo e vivendo personagens fantásticas, que, por vezes, expressam seus medos e preocupações reais. Esses são bons momentos para os pais observarem o que há no íntimo do filho e pensarem uma forma de intervir que possa auxiliar.

Certa vez, observamos uma pequenina, de aproximadamente quatro anos, que brincava com sua boneca, dizendo assim:

- Filhinha, fique quietinha aí com a vovó, porque a mamãe precisa estudar e não pode levar você para a escola.

Deixava a boneca sentadinha num canto, saía e depois voltava:

- Viu, filhinha, a mamãe já voltou.

Dramatizando a situação, essa criança, cuja mãe estava ainda cursando a faculdade, trabalhava seu sofrimento com a ausência da própria mãe. A avó aproveitou para conversar com ela sobre como sua "filhinha estava ficando com a vovó, enquanto ela ia para a escola". Tendo a avó entrado no mundo do faz de conta, a menina incorporou-a à brincadeira e passou a interagir com ela. No meio do diálogo fantasioso, ela manifestou um medo real de que a mãe não retornasse mais. A avó, habilidosa, soube serenar aquele sentimento de medo, aproveitando bem o momento.

Um menino que, nessa fase, manifestava muito medo do escuro teve a oportunidade de superá-lo, por contar com uma mãe atenta e também habilidosa. Ela contou ao filho que, quando pequena, também tinha medo de escuro, porque achava que alguma coisa desconhecida poderia chegar ao seu quarto. O filho, sentindo intimidade com a mãe, encorajou-se a expressar as imagens que o escuro produzia em sua mente. A mãe foi entrando no jogo das palavras, compondo também algumas descrições e, no fim, acabaram rindo juntos das extravagâncias que criavam pela imaginação. Resolveram desenhar e criar histórias com essas personagens fantásticas no dia seguinte.

---

[59] Gottman, John & DeClaire, Joan. *Inteligência emocional e a arte de educar nossos filhos.*

Na cumplicidade que se criou, foi fácil elaborar desfechos positivos e estabelecer pactos de união contra o medo que levaram ao objetivo pretendido. Bem diferente seria o final dessa narrativa, se o educador não tivesse tato e resolvesse ironizar os medos da criança e, ainda pior, desafiar a sua masculinidade.

Segundo Emmanuel,[60] até os sete anos, o espírito ainda se encontra em fase de adaptação para a nova existência que lhe compete no mundo. Adianta ele que:

> [,,,] nessa idade, ainda não existe uma integração perfeita entre ele e a matéria orgânica. Suas recordações do plano espiritual são, por isso, mais vivas, tornando-se mais suscetível de renovar o caráter e a estabelecer novo caminho, na consolidação dos princípios de responsabilidade, se encontrar nos pais legítimos representantes do colégio familiar.

Com a plena integração do espírito em seu mundo orgânico, o que ocorre por volta dos sete anos de idade, os processos de educação moral já é dificultado e, mais tarde, na adolescência, ainda se torna mais complexo. Remetemos o leitor a outro trabalho nosso, em que detalhamos os aspectos da adolescência.[61]

Lembra o instrutor espiritual que:

> [...] os estabelecimentos de ensino, propriamente do mundo, podem instruir, mas só o instituto da família pode educar. É por essa razão que a universidade poderá fazer o cidadão, mas somente o lar pode edificar o homem.

1.2. Depois dos sete anos

A fase após a segunda dentição é caracterizada por uma interiorização da mente, a criança usa a fantasia para explorar sua própria capacidade de pensar, sentir e querer. Antes, ela vivia totalmente imersa na psicosfera dos pais, mas agora vai passar a criar sua própria ambiência energética, que, naturalmente, oferecerá contribuições à atmosfera psíquica da família, mas continuará submissa a ela. É muito importante respeitar

[60] Xavier, Chico. *O Consolador*. Pelo espírito Emmanuel. Questão 109.

[61] Brandão, Leila & Souza, Dalva. *Manual para pais e professores de adolescentes.*

a fantasia da criança. Se ela tiver condições adequadas, vai começar a sonhar acordada, vai conversar com os brinquedos, os objetos, as coisas da natureza. Os pais devem aproveitar para fazer brincadeiras criativas e contar muitas histórias, enfim, tudo o que puder significar exercícios das faculdades mentais, nutrindo a criatividade e respeitando a espontaneidade da criança. Atividades artísticas podem ajudar muito nessa fase. Os esportes também oferecem subsídios, mas é preciso não exagerar. Os educadores (pais e professores) precisam mostrar à criança que o mundo é cheio de possibilidades, de riqueza cultural, de alegria, de beleza.

O indivíduo que, na infância, é sistematicamente impedido de se movimentar bastante, que vive em espaços pouco estimulantes, sob o império da programação da TV ou cuja força de trabalho é explorada acaba não completando adequadamente suas fases de crescimento para a idade adulta, porque ter tempo para brincar e fantasiar é fundamental. Nas situações de limite, o corpo, obedecendo às determinações biológicas, cresce de qualquer forma, ainda que com inadequações, mas o psiquismo ficará afetado.

Todo ser humano precisa ter respeitado o seu direito de educar-se convenientemente até os dezoito anos. O espírito, ao reencarnar, traz inúmeras potencialidades, mas apenas parte delas se desenvolverá. Jung criou o conceito de *individuação* com o sentido de a pessoa tornar-se inteira, indivisível e distinta de outras pessoas ou da psicologia coletiva, tornar-se consciente de si mesma e das inúmeras possibilidades que traz, buscando desenvolvê-las e atingir o máximo que a existência permite, porque cada existência tem seus limites também. A educação que se pratica ainda hoje, apoiada em visões filosóficas limitadoras, e o estilo de vida do mundo moderno não incentivam a exploração do rico acervo que cada indivíduo traz em si, por isso acabamos nos tornando pessoas insatisfeitas em nossa vida adulta. Falta muitas vezes à criatura a experiência com seu eu profundo, que permite ter a vivência da transcendência. A busca das 'viagens' produzidas por álcool ou droga é, em muitos casos, a tentativa de encontrar essas experiências, mas já sabemos que essas portas são falsas e não contribuem para o desenvolvimento pessoal.

Os pais devem pensar na rotina de seus filhos a partir dos sete anos. Será importante permitir-lhes tempo e condições para brincar espontaneamente com outras crianças da comunidade em que vivem e ensinar-lhes algumas técnicas simples de recolhimento e meditação, antes da oração, no momento de dormir.

Após os sete anos, por irradiar vibrações que lhe são próprias, o indivíduo pode estabelecer vínculos com seres invisíveis. Dependendo dos espíritos que estejam na ambiência da família, esses contatos podem gerar interferências não desejadas, dificultando bastante as relações familiares. Remetemos o leitor a outro trabalho em que isso foi analisado com detalhes.[62]

[62] SOUZA, Dalva. *Os caminhos do amor*, cap. 3.

2. A Terceira Fase da Infância

A partir de oito anos, a criança amplia suas interações sociais e seu desenvolvimento intelectual. A preocupação com o que o outro vai dizer ou como vai reagir à sua pessoa se manifesta numa exigência acentuada em relação às próprias roupas e objetos de uso pessoal. É a fase da implicância com o outro, dos apelidos. A criança não quer ser alvo de chacotas, preocupa-se com isso, às vezes, de maneira exacerbada e tenta evitar toda forma de rejeição, aceitando as regras do grupo em que se sente inserida; é a pré-adolescência e alguma coisa do que virá logo em seguida já se manifesta.

Os pais não se devem contrapor explicitamente às regras do grupo, nem ironizar as escolhas do filho quanto às roupas que usa e maneirismos que manifesta. Também não se devem irritar com um certo desprezo que ele começa a expressar pelos valores que os pais cultivam. Em episódios em que a criança extrapola em suas manifestações, os pais devem expressar claramente seu desagrado, sem agressividade, mas firmemente. Os acordos quanto à rotina já devem ter sido firmados. É preciso lembrar ao filho, com carinho, que há direitos e deveres. Devem existir regras de convivência já combinadas e os deslizes precisarão ser punidos. O senso de justiça é importante. Os pais devem ter claras, para si mesmos, as regras e as punições compatíveis, não permitindo um o que o outro proíbe nem aplicando sansões ao sabor do próprio humor. Quando se fala em punição, será preciso deixar claro que as agressões físicas de qualquer natureza não são práticas compatíveis com a educação que se propõe à luz do *Evangelho*.

As conversas sobre a sexualidade já devem ter sido abordadas antes, na observação da natureza e nas respostas objetivas e claras às perguntas que a criança já formulou sobre o tema, mas esta fase é a de estabelecer um diálogo mais didático sobre o tema, preparando a criança para o que ocorrerá em seu próprio corpo logo a seguir.

Certa vez, uma mãe chamou sua filha de 9 anos e, utilizando um livro sobre sexualidade próprio para aquela idade, conversou normalmente sobre o assunto. A criança ouviu tudo atentamente e não fez perguntas. A mãe indagou se queria mais algum esclarecimento, mas ela apenas gesticulou negativamente e voltou a brincar, sem ter denotado qualquer tipo de alteração na atitude, mas, alguns meses depois, procurou a mãe e compartilhou com ela as surpresas da primeira menstruação. A mãe orientou-a quanto aos aspectos de higiene e disse de sua própria experiência com o fato. Entre mãe e filha, criou-se uma intimidade que favoreceu grandemente conversas posteriores sobre o tema.

3. A Escolha da Escola

> Quando vão para a escola, as crianças dão o primeiro passo rumo ao mundo exterior. Daí por que é preciso escolher um lugar de alta qualidade.
>
> *Aristeo Leite Filho*[63]

Um lugar de 'alta qualidade' não quer dizer um lugar luxuoso, mas um espaço onde as pessoas entendam as necessidades infantis.

> A escola desempenha um papel muito importante na luta pelo desenvolvimento da consciência do próprio 'eu'. A transmissão dos conhecimentos acumulados pela cultura em que vivemos age sobre o indivíduo, tornando-o mais consciente de si mesmo e do mundo em que vive. Mas a função da escola não é só a de transmitir esses conhecimentos, ela oferece à criança um ambiente rico em possibilidades de novos relacionamentos, gerando estímulo para o desenvolvimento da responsabilidade. A criança precisa preparar-se para o mundo que encontrará fora das paredes do lar e a escola é uma parte desse mundo que se abre de forma segura, para que o processo de adaptação se desenvolva gradualmente (...)

---

[63] Professor de Pedagogia da Pontifícia Universidade Católica do Rio de Janeiro. Revista *Veja*, "Sua Criança".

> (...) Embora compreendamos a importância da escola, deveríamos analisar criticamente essa instituição em nossa cultura, para compreendermos que ela, da maneira como está organizada hoje, é geradora de limites muito rígidos que se confrontam com a natureza da alma infantil (...)[64]

Esse tema é da maior seriedade, por isso queremos compartilhar nossas experiências, oferecendo algumas dicas que poderão ajudar os pais a encontrarem o espaço infantil ideal para o seu modelo de vida.

A escola ideal é sempre a que está mais próxima de sua casa, então, primeiramente, visite as escolas mais próximas. Se elas não preencherem os requisitos das dicas relacionadas abaixo, opte pelas mais distantes. A recomendação de amigos é importante, mas não é suficiente, uma vez que cada um sabe o que é melhor para sua família. Nem sempre o que é bom para o outro é bom para você. Esse é um trabalho seu (pai, mãe ou responsável pela criança) que não deve ser repassado para ninguém por mais que confie!

Não se pode, ainda, solicitar a participação da criança na escolha da sua primeira escola, uma vez que ela terá poucos anos de idade. Já presenciamos inúmeras vezes os pais levarem os filhos de dois ou três anos para dizerem se querem ou não ficar na escola. É uma medida errada.

Monica Gailewitch,[65] em uma reportagem intitulada "Meus pais não se entendem", diz que os especialistas citam os motivos pelos quais os pais se desentendem, e a escolha da escola do filho é um dos primeiros motivos. Diz a jornalista:

> (...) a divergência entre pai e mãe pode ser altamente positiva. Para a criança, é saudável perceber que as pessoas às quais mais ama no mundo possuem pontos de vista distintos – e ainda assim continuam morando juntas (...). Se os pais divergem na frente dos filhos, mas fazem isso de forma ponderada, apontando as razões que levam à discórdia, e justificam objetivamente sua perspectiva, a criança aceita a decisão final naturalmente.

---

[64] SOUZA, Dalva. *Os caminhos do amor.*

[65] Revista *Veja* de 9/02/00

No entanto, se não existe respeito entre os pais, o nível de ansiedade dos filhos é grande. Se para o adulto é penoso presenciar a violência verbal entre os seres que ama, imagine como é doloroso para a criança perceber que as pessoas que lhe servem de modelo lidam com as suas emoções de forma desequilibrada! O resultado será sempre o círculo vicioso do desequilíbrio e da dor.

Ao procurar um espaço infantil, preste atenção aos seguintes itens:

1. Os anos de experiência dos responsáveis pela escola com a faixa etária de seu filho;
2. Os motivos que levaram o futuro professor de seu filho a ingressar no magistério;
3. A história do nome da escola;
4. A existência de registro legal da escola (justificativa abaixo);
5. A filosofia da escola e a sua meta;
6. O projeto de trabalho para cada faixa etária;
7. A experiência da orientadora pedagógica;
8. A inclusão no currículo de um bom trabalho com a literatura infantil;
9. A organização do espaço destinado às atividades extraclasse ;
10. O critério adotado para a seleção dos seus funcionários;
11. A limpeza dos pátios, corredores e áreas comuns;
12. A existência da biblioteca e salas-ambiente em perfeitas condições de uso.

A experiência é fundamental

Se os fundadores da escola têm menos de 10 anos de experiência, questione sobre os anos de experiência do supervisor e dos professores. A sensação de insegurança e medo que se tem, quando se percebe a possibilidade de errar, em se tratando de criança, é péssima! Não corra esse risco, tenha a certeza de que está oferecendo o melhor para seu filho. A prática é muito diferente da teoria.

Uma conhecida nossa resolveu trabalhar por conta própria e decidiu abrir um espaço infantil. Na verdade, esse é um tipo de serviço pouco fiscalizado e que exige capital inicial pequeno. O espaço ficou muito bonito e seu entusiasmo era contagiante. O problema era a falta de experiência no trato com as crianças e com os pais. Depois de alguns meses, ela nos procurou e nos confidenciou que não suportava mais o estresse em que vivia e resolveu vender a sua escola.

Já pensou no transtorno e no sofrimento causado à criança, depois de estar adaptada a uma escola, ter que se adaptar a outra, porque sua escola fechou?

A escolha do curso

Antigamente o curso mais frequentado por mulheres era o magistério, porque não tínhamos muitas escolhas. Avalie, pois, se a futura professora de seu filho realmente gosta de trabalhar com crianças. Se ela reclama que o tempo custa a passar, quando está trabalhando, é mau sinal! Se a professora não tiver a criatividade e a agilidade necessárias a esse tipo de trabalho, sentir-se-á frustrada ao final de cada dia.

Trabalhar com crianças pequenas exige um talento especial. A professora (ou professor) deverá ter uma dicção boa e aspecto agradável, ser sorridente e simpática. Se a professora é do tipo que gosta de lugares quietos e não gosta muito de conversa, está na profissão errada. No entanto, se gosta de cantar, falar, sentar-se no chão, participar de jogos, pular corda, contar histórias, inventar casos, correr e rir muito está no lugar certo. Seu filho vai adorar a escola.

Trabalhar sem prazer é muito desmotivante!

Observe bem o espaço infantil

O espaço infantil deve ser simples e capaz de despertar o interesse da criança, ou seja, deve ser bem colorido e espaçoso. Deve conter plantinhas, pequena horta, pequenos animais, decoração com flores e material para trabalhar com as mãos. A ventilação e o sol são fundamentais. O contato com o verde e a elaboração de projetos com a participação dos pequenos é muito importante. Se o espaço não foi especialmente construído para ser uma escola e é uma casa alugada e adaptada, preste atenção aos seguintes itens:

1. Se a rua onde se encontra a casa é muito movimentada;
1. Se é possível parar o carro para deixar a criança sem riscos;
2. Se os cômodos da casa recebem o sol da manhã;
3. Se o quintal é amplo e permite atividade com brinquedos, bem como a formação de uma horta e se tem espaço suficiente para jogar bola;
4. Se há escada e se nela há um corrimão;

5. Se as janelas têm proteção;
6. Se os vasos sanitários foram trocados por peças infantis;
7. Se, nas salas, cabem, confortavelmente, pelo menos, 8 crianças;
8. Se a secretaria está equipada com telefone, fax e computador;
9. Se há sanitários suficientes para adultos e crianças;
10. Se existe um espaço maior para as reuniões de pais e eventuais festividades;
11. Se há portão eletrônico ou segurança na entrada.

Para quem deseja montar um espaço infantil, recomenda-se ainda observar:

1. Se o aluguel não é muito alto (inviabilizando a rentabilidade da escola a longo prazo) e qual o prazo do contrato de aluguel;
1. Se o contrato permite mudanças na casa para adequá-la às necessidades do espaço infantil, tais como: o cantinho da boneca, a biblioteca, o cantinho da ciência etc.
2. Se o bairro onde está situada a casa já tem outras escolas.

O nome da escola

O nome da escola reflete a sua identidade e deverá ser coerente com a sua filosofia de trabalho. Colocar na escola nome de personagens infantis conhecidos é perder em criatividade. As duas escolas que fundamos tiveram os seguintes nomes: "Escol'Ativa" – em homenagem à primeira escola fundada por Rousseau na França e porque atividade é a característica fundamental do espaço infantil – e "Recanto do Sol" – em homenagem ao espaço ensolarado situado em um bairro cercado de verde e passarinhos, chamado Vale do Ipê, onde, na primavera, os ipês amarelos e roxos enfeitam todo o vale. Conhecemos outras escolas com nomes criativos, tais como: "Lápis de Cor", "Espaço Livre", "Espaço Mágico", "Castelo das Letras", "Tic-Tac" etc.

O registro da escola

É importante que a escola seja registrada nas Secretarias de Educação municipal e estadual, porque seu serviço passa a ser fiscalizado por órgãos competentes. Além disso, os documentos emitidos pela escola, para dedução do imposto de renda, não têm validade, se a escola não for registrada. Já pensou pagar o ano inteiro e não poder abater essas despesas na sua declaração? É bom verificar, pois cada cidade tem a sua lei orgânica para orientar essa prestação de serviço.

A organização da escola e os cinco sensos

A escola deverá ser organizada de acordo com o programa de qualidade total. Uma possibilidade interessante é o programa dos "cinco esses", que é um programa muito simples e eficiente, porque traz, na sua filosofia de trabalho, a coerência desejada para o cumprimento das metas educacionais.

Primeiramente é importante averiguar se a escola tem bem definida a sua 'missão', ou seja, o porquê de sua criação e os objetivos que pretende alcançar. A missão de qualquer escola deverá ser a de preparar as bases educacionais para a formação de um homem feliz, patriota e produtivo na comunidade em que vive.

O programa dos cinco sensos (cinco esses) pode ser desenvolvido da seguinte maneira:

<u>Primeiro Senso: de Utilização</u>

Desenvolver esse senso representa manter no ambiente escolar apenas o que é útil. As salas são funcionais. Não é permitido acomodar, no ambiente de trabalho, o que não está sendo utilizado. Todo o pessoal deve ser treinado, para usar o mesmo procedimento, também, na 'casa mental.' Manter na mente apenas o que faz bem e é útil. Pensamentos de revolta e tristeza, por exemplo, não são úteis e devem ser tratados como lixo. Você pode estar, eventualmente, triste. Mas não deve "ser triste" ou "cultivar pensamentos tristes". Faz muita diferença!

Todo inicio de ano, deve-se eleger um dia para o senso de utilização. Deve-se retirar da escola tudo aquilo que já não se usa mais. Paralelamente, devem ser também realizadas reflexões do tipo:

- O que ainda mantemos em nossa vida que não é útil?
- Quais foram os erros cometidos durante o ano que se passou e que não devem ser cometidos no ano seguinte?
- Dentre os defeitos que temos, qual deles tentaremos corrigir no ano vindouro?

Segundo Senso: de Ordenação

Se já selecionamos tudo o que é útil, é necessário ordenar o material utilizado. "Um lugar para cada coisa e cada coisa no seu lugar". Toda a escola precisa girar em torno dessa organização. Nada pode ser colocado fora do seu lugar.

As crianças podem ser engajadas, também, na organização. Cada sala recebe a sua vassoura, os sacos de lixo, os panos de limpeza e, ao final do dia, tudo está nos seus devidos lugares.

Enquanto nos ocuparmos dessa ordenação, reflitamos, também, em como é importante estabelecer prioridades na vida. Ordenar os valores que consideramos verdadeiros e não perdermos tempo com coisas inúteis. Aqui cabe estabelecer conquistas para o ano novo. Por exemplo: ler determinado número de livros ou participar de alguns cursos, debates, mesas redondas, painéis e outras atividades que enriqueçam nosso conhecimento.

Como é importante para a criança aprender a ordenar o próprio espaço e, principalmente, a própria vida!

Terceiro senso: de Limpeza

Se tudo está organizado, é importante que esteja limpo. Se você passa em uma rua e ela está suja, você joga mais um pedaço de papel; se, no entanto, está tudo limpo, você não tem coragem de sujar. Limpeza gera limpeza.

No âmbito pessoal, cabe a reflexão sobre a limpeza na própria vida. Não permitir que nem um só pensamento sujo possa manchar o que consideramos limpo. Estabelecer com clareza as metas. Abolir o famoso 'jeitinho brasileiro' que nada mais é do que se deixar corromper. Ter as ações limpas e claras, fazendo com que os pais sintam segurança nos atos de todas as pessoas envolvidas na educação de seus filhos.

As ordens dadas devem ser claras, limpas e objetivas. A limpeza representa saúde e leveza. A vida se torna mais simples e prazerosa, quando desenvolvemos a 'leveza' no nosso cotidiano. Ampliamos o nosso tempo. Ítalo Calvino elege a leveza como uma das propostas para o terceiro milênio, entre as seis relacionadas no seu livro *Seis propostas para o terceiro milênio*.

Quarto senso: de Saúde

O ato de não sujar, manter o ambiente limpo (físico e emocional), traz mais saúde para todos. Quem é que gosta de lidar com pessoas mal -humoradas e infelizes? Pessoas dissimuladas e mentirosas? O mundo em que vivemos é realmente cheio de injustiças, mas é o resultado das nossas próprias escolhas. Se tomarmos 'consciência' de que a sociedade é resultado do que somos, que o nosso pensamento atrai pensamentos semelhantes, vamos entender que a saúde coletiva depende da saúde individual. Ter senso de saúde não é só manter o organismo equilibrado, mas é, principalmente, manter a mente equilibrada. Nada é mais saudável do que o sorriso, o bom humor, o otimismo, a esperança. As mudanças ocorrem vagarosamente, mas ocorrem. Todos devemos estar engajados nesta verdade inconteste: PODEMOS MUDAR O MUNDO!

Atualmente não se pode esquecer a inteligência emocional. De que nos adiantaria ter tantos conhecimentos, se não os utilizássemos para a nossa felicidade? A mudança do mundo íntimo é que trará a mudança do mundo exterior e essa construção é planejada na primeira infância. Os comandos genéticos das nossas crianças poderão ser direcionados para o amor e a felicidade, se os adultos souberem vivenciar esses exemplos. Não teria sido por isso que Jesus nos pediu que fizéssemos brilhar a nossa luz?

Depak Chopra (*A cura quântica*) diz que aonde vai um pensamento vai também um elemento químico. Se o pensamento não é limpo e saudável, ele será capaz de envenenar a química de cada célula do corpo. Acrescenta o notável médico que, quando entristecemos, todas as células do nosso corpo se entristecem. Pense nisso!

Quinto senso: de Autodisciplina

Não permitir que se traia a meta estabelecida. O funcionário que não entender a proposta dos cinco sensos não está apto a permanecer na instituição. Não são admissíveis a mentira, o mau-humor e a acomodação. Pode-se errar muitas vezes, pedir desculpas e recomeçar. No entanto, a má fé e a dissimulação não são perdoáveis. Estão fora dos cinco sensos.

A missão de crescer deve ser boa para todos e não apenas para o patrão. Os pais devem manter a certeza de que o preço que pagam é justo. Os funcionários devem ser bonificados com o crescimento da empresa. Pais e professores devem estar engajados nas propostas educacionais da escola e caminhar juntos. Qualquer dúvida ou desconfiança quanto às metas estabelecidas gera um clima ruim para todos, especialmente para o educando.

Acreditamos que o roteiro sugerido pelo programa dos cinco sensos faria também uma enorme diferença no lar. A família poderia ser motivada a participar desse mutirão de renovação no início do ano, quando a mente está aberta aos novos propósitos. Despedir-se do ano velho e entrar no ano novo sempre motiva novas realizações.

4. As Leis da Escola

A ideia de escola surgiu na Grécia antiga, onde os homens se reuniam em praças públicas para praticar filosofia e compartilhar conhecimentos. Hoje em dia, a palavra se aplica a um estabelecimento ou instituição de ensino que pode desempenhar um papel muito importante na luta pelo desenvolvimento da consciência do próprio 'eu', ao possibilitar a transmissão dos conhecimentos acumulados pela cultura em que vivemos aos pequenos, tornando-os mais conscientes de si mesmos e do mundo em que vivem.

Nas escolas bem organizadas, a criança encontra um ambiente rico em possibilidades de novos inter-relacionamentos e estímulo para o desenvolvimento da responsabilidade, o que vai prepará-la para o mundo que encontrará fora das paredes do lar.

Um fator importante do qual nem sempre nos conscientizamos é que a criança terá um ganho ao afastar-se por algum tempo da família. Em nossa cultura, a ideia que prevalece é de que a criança bem pequena deve estar junto à mãe e, por consequência desse entendimento, há preocupação quando se precisa colocar o bebê em um espaço infantil por circunstâncias presentes na vida dos pais. Identificamos sempre nas mãezinhas algum sentimento de culpa, pois precisam trabalhar e não podem dar assistência integral ao filho. Certamente, o contato com os pais é fundamental para o crescimento sadio das crianças, mas o que a experiência nos mostra é que o tempo que a criança fica no espaço infantil é também importante para ela, porquanto promove um convívio mais amplo com outras crianças, liberando-as parcialmente da repressão familiar, tornando-as, aos poucos, mais autônomas. Os pais devem evitar o sentimento de culpa e fazer do tempo que têm para estar com os filhos momentos especiais de muita intimidade, troca afetiva e significado.

Vale também aqui um alerta para aqueles que se dispuserem a montar um espaço infantil. O ideal é importante, mas não basta. Será preciso buscar uma assessoria técnica para atender ao que preceituam os documentos legais sobre registro e funcionamento de estabelecimentos educacionais, porque há exigências complexas das instâncias sociais responsáveis por essa atividade.

Antigamente, muitas iniciativas nasceram no movimento espírita, com o objetivo de atender ao segmento mais carente e, com boa vontade, era possível levar adiante o projeto. Hoje, já não se pode contar apenas com isso, é necessário um planejamento detalhado, inclusive da parte financeira, porquanto o empreendimento envolve a contratação de profissionais especializados.

Os pais, antes de matricularem seus filhos em qualquer estabelecimento de educação, precisam solicitar informações sobre as leis que regem seu funcionamento, buscando conhecer bem o *regimento interno* do estabelecimento e seu *projeto pedagógico*. Uma relação de confiança precisará ser criada entre família e escola para que o processo educacional siga um bom curso e a criança não se veja em contexto de confronto entre o que propõem as duas instâncias de educação mais presentes em seu cotidiano.

Com relação à religião, também será preciso que os pais estejam atentos. Agora, por lei as escolas deverão oferecer o ensino religioso. A lei propõe o seguinte:

> O Ensino Religioso, de matrícula facultativa, é parte integrante da formação básica do cidadão, constitui disciplina de horários normais das escolas públicas de Ensino Fundamental, assegurando o respeito à diversidade cultural e religiosa do Brasil vedadas quaisquer formas de proselitismo. (Lei de Diretrizes e Bases da Educação Nacional n.º 9475/97)

Pelo que se pode depreender da leitura deste artigo, a lei não se aplica aos espaços destinados às crianças mais novas, contudo será sempre interessante que haja uma inserção dos conteúdos religiosos na rotina das crianças pequenas também, desde que se entenda que o ensino religioso deve focar a compreensão do sagrado como o cerne da experiência religiosa do indivíduo, não importando aqui a formalização deste ou daquele culto, mas sim os valores morais que são presentes em qualquer proposta religiosa.

5. O Temido Período de Adaptação

Como trabalhar esse período?

O período de adaptação é aquele da introdução do seu filho na vida escolar, não importa a idade. É a primeira tomada de consciência de que aquele pequenino ser é uma individualidade que terá a sua própria trajetória em que, no principio, os pais são personagens centrais, mas que, depois, passarão a ser figurantes.

Esse período se inicia dentro de casa, quando os pais decidem colocar a criança na escola. Essa decisão deve ser madura e tomada com a participação de todos os familiares envolvidos na educação da criança. Não é aconselhável que a mãe tome a decisão sozinha e assuma a consequente responsabilidade, enquanto as outras pessoas envolvidas torcem por um resultado infeliz. Certa feita, conhecemos uma jovem mãe que disse: "Meu marido e minha sogra não concordam que eu coloque Maria na escola, mas não suporto mais o tédio de estar presa dentro de casa, quase que o dia inteiro, sem saber o que fazer com ela. Tenho medo de que minha revolta e angústia passem para a menina, que, apesar de ter apenas dois anos, está cada vez mais malcriada. Eles me dizem que, na escola, ela estará exposta a muitas doenças e que eu vou pagar caro para adoecer a minha filha".

De fato, existem muitas escolas onde, infelizmente, as pessoas não conhecem as responsabilidades dessa faixa etária, mas há outras em que o trabalho é sério e a criança se torna muito mais saudável. É comum ouvirmos os pais dizerem que a criança está se alimentando melhor e dormindo muito melhor, depois que começou a frequentar o espaço infantil. As infecções da faixa etária de zero a três anos são conhecidas e podem afetar a criança, estando na escola ou não.

Se a mãe quer colocar a criança na escola, deve dialogar com os demais familiares. Para convencê-los, é preciso, primeiro, demonstrar os benefícios para ela e para a criança, quando se opta pelo espaço infantil. As jovens mães necessitam de momentos para elas mesmas, a fim de tratarem de sua saúde, de sua aparência, de suas tarefas e do seu descanso. Todos nós sabemos que uma criança, nessa faixa etária, exige atenção e cuidados especiais durante todo o tempo, até quando está dormindo. Culpar a criança, mesmo que inconscientemente, por se estar presa a uma situação não desejada, é ruim para todos. A revolta e a angústia que se sente são transferidas, energeticamente, para criança, provocando danos emocionais. O primeiro passo, portanto, é estar a própria mãe convencida de que esta é a melhor opção. Assim poderá convencer os familiares envolvidos.

Em segundo lugar, será necessário que ela procure o espaço ideal, coerente com o seu modo de ver a vida. Deve começar pelas escolas de que já tenha referência e sejam mais bem localizadas. De maneira nenhuma a criança deve participar das visitas que objetivam analisar as diversas opções.

Selecionadas aquelas que mais agradaram, convide os familiares para visitá-las, a fim de que possam chegar, juntos, à melhor escolha. Converse com as mães de alguns alunos das escolas visitadas e tome informações.

Em terceiro lugar, depois que a escola foi escolhida, inicia-se a fase que chamamos de "propaganda e marketing da escola". Converse com a criança durante vários dias ou semanas sobre a escola, criando nela um interesse e uma expectativa, citando coisas que viu e de que certamente a criança irá gostar. Depois dessa fase, diga que chegou o "grande dia" para a visita da criança ao espaço infantil. Durante a visita, use frases do tipo: "Não te falei que tinha essa casinha" etc.

Em quarto lugar, estabeleça entre os familiares quem ficará, nos três primeiros dias, na escola. Deixe que a criança leve também o seu brinquedo preferido (se houver), para que ela se familiarize com a mudança. É importante que, nesses dias, o horário seja especial, mais reduzido. O tempo do período de adaptação varia, mas deverá ser, no mínimo, de três dias.

Em quinto lugar, os pais ou pessoas que participarem desse período com a criança não devem se assustar com a reação dos outros pequeninos que já passaram pela adaptação. Alguns tentam beijar, abraçar e até morder o novato. É uma forma de reconhecimento. Não recomendamos que a empregada ou a babá seja a pessoa que participe da fase da adaptação, ainda que ela esteja há muitos anos trabalhando com a família. Em nossa experiência, vimos as babás em uma postura de defesa, agarradas à criança, como se aquela situação não fosse boa. Há o temor por parte delas de que a criança se adapte e percam o emprego, como algumas nos confidenciaram. O pai, a mãe ou os avós seriam mais indicados.

Em sexto lugar, os pais devem estar conscientes de que, depois da fase do encantamento, vem a fase da decepção. É natural que, depois de estarem adaptadas, as crianças tenham uma 'recaída' e resistam em ir para a escola. Isso porque a criança começa a ter que dividir o seu espaço, os brinquedos, a trabalhar em conjunto, a obedecer aos horários, a, enfim, socializar-se. Acostumada a ser o centro de tudo em sua casa, agora, apesar de desejar brincar com os amiguinhos, sente que está perdendo alguma coisa. É como um casamento em que, a princípio, pensamos ter encontrado a alma gêmea e logo percebemos que não foi bem assim.

Nessa fase, é muito importante o apoio da família. Os pais devem permanecer fiéis à escolha que foi tão bem pensada, mantendo-se firmes. A criança perceberá que os pais estão felizes com a escola e ficará também. Nem todas as crianças têm essa famosa recaída, mas, se tiverem, é natural. As frustrações fazem parte da vida e têm o seu aspecto positivo.

6. OS AVÓS

Ouvimos dizer, com certa frequência, que nós não escolhemos os nossos parentes. Será? Diz Dostoievsky: "Se destruíssemos na humanidade a crença na imortalidade, não só o amor, mas também as forças que mantém a vida do mundo secariam na mesma hora."[66]

Se a inteligência é imortal como acreditamos, seres inteligentes e imortais poderiam ser gerenciados pelo 'acaso'? Estariam à mercê da constituição fortuita do núcleo mais importante para educá-los, que é a família? Se planejamos nossas férias, que, geralmente, não passam de 30 dias, como não planejaríamos toda uma vida na Terra?

Numa reportagem sobre a existência de Deus (Revista *Ciência* - janeiro/2001) o jornalista José Augusto Lemos nos fala sobre *as fractais* - imagens geradas por equações matemáticas que, para alguns

> (...) adquire um caráter de revelação divina - é que processos aparentemente irregulares como a ramificação de uma árvore,ou o recorte geográfico de um litoral, seguem um desenho padrão que, por sua vez, obedece a uma fórmula matemática que pode ser deduzida (...)

Se até as árvores obedecem a um crescimento inteligente, por que o ser humano iria crescer ao acaso? São questionamentos que fazemos a nós mesmos, desenvolvendo uma certeza de que marcamos, no

---

[66] Chopra, Deepak. *Corpo sem idade, mente sem fronteiras.*

tempo, um encontro com os nossos familiares. Seja qual for a sua concepção da vida, contudo, leitor(a) amigo(a), o importante é estar consciente de que a criança só se sentirá segura, se crescer em um clima de amor e respeito entre aqueles que estão situados mais próximos, dentro do lar que a acolheu.

Assistimos, penalizados, à dificuldade que a nova mãezinha ou paizinho tem em relação aos familiares um do outro. É certo que cada um traz uma bagagem de aprendizado e são, exatamente, essas diferenças que deveriam constituir motivos de crescimento de ambos os lados, mas não acontece assim. Os dois fecham os corações, contaminados pelo ciúme e pelo egoísmo.

A personalidade sadia da criança fica ameaçada, quando os pais se desentendem e estendem suas agressões aos familiares um do outro. Quem não se lembra dos seus avós? A melhor coisa que já inventaram no mundo é um avô e uma avó que fazem 'vistas grossas' às nossas travessuras e imperfeições... Explique à sua criança que o que se faz na casa da vovó nem sempre se pode fazer em casa, os limites impostos pelos avós são sempre muito menores.

Os pais não precisam ter ciúmes dos filhos, quando eles dizem que gostam mais dos avós. Na verdade, eles falam assim para testar a segurança dos pais. Nunca impeça os seus filhos de 'curtirem' o carinho dos avós. Pouca coisa na vida é tão boa quanto essa convivência. Por mais que os pais do marido ou da esposa possam interferir na convivência do novo núcleo familiar, pode ser positiva essa convivência, desde que se saiba lidar com a situação e não se faça a transferência de responsabilidade, é claro!

Mantenha o coração aberto para aceitar, sem ciúmes, o amor dos familiares. A aceitação e o respeito aos familiares permite à criança uma estruturação psíquica favorável ao desenvolvimento dos bons sentimentos. Na sua inocência, ela está sempre aberta ao que é novo. Criar uma criança em um clima de críticas destrutivas e reclamações exacerba o egoísmo.

Faz lembrar um conto do livro *Quem tem medo de envelhecer?*, de Magdalena Lea. A escritora narra que, entre os índios antigos, os velhos, quando começavam a dar trabalho para a tribo, eram levados ao monte mais alto para serem devorados pelos abutres. Alguns filhos ofereciam ao velho pai um cobertor, para que não morresse, também, de frio. Um velho índio, ao vivenciar a situação, agradeceu ao filho pelo cobertor e lhe disse que o cortasse ao meio e guardasse uma parte para ele mesmo, porque poderia ser que, quando chegasse a sua vez, seu filho nem se lembrasse de dar-lhe um cobertor.

Ficamos indignados com essa maldade, mas, entre nós, os velhos também têm sido devorados pelos abutres do desprezo e das críticas dentro dos próprios lares e alguns filhos 'não dão nem o cobertor', abandonam, friamente, os seus pais, velhinhos, em asilos.

Essa história triste é, no mínimo, interessante, porque mostra como a vida tem continuidade e como dói a ingratidão de um filho. Quando os pais percebem que o filho ou a filha se afasta, porque nora ou genro não os aceita, é muito triste. E o exemplo que se dá ao filho é o que ele irá aprender. Em um dos seus muitos sermões, o Padre Antônio Vieira, disse: "Palavras falam ao vento, somente as obras falam ao coração". Se não estivermos atentos a isso, corremos o risco de criar um círculo vicioso de rejeição e dor ao invés de amor. O aprendizado do amor exige muita renúncia e perdão, mas vale a pena!

7. As Doenças

A palavra 'doença' vem de '*dolentia*', vocábulo que, em latim, significava padecimento. Estar doente é estar em uma condição anormal, vivenciando limites e dores que sempre nos levam a pensar na fragilidade que nos caracteriza como seres orgânicos, sujeitos a interferências de fatores externos ou a disfunções dos órgãos internos.

Os espíritos explicaram que, em mundos de provas e expiações, as doenças fazem parte das vicissitudes da vida, são fatos inerentes à nossa natureza material e à inferioridade do mundo, mas elas têm a finalidade de nos oferecer experiências importantes ao nosso aprimoramento. Entendemos dos ensinos que veiculam que, para valorizarmos a saúde e utilizarmos bem as nossas possibilidades, precisamos da experiência da doença e dos limites que ela gera.

Uma coisa que as doenças nos ensinam muito bem é a respeitar nosso limite. Caso não houvesse essa sinalização, a criatura não perceberia os excessos que comete. Muitas doenças resultam da busca desenfreada de prazeres, pois nós não somos controlados pelos instintos como os animais, que cessam sua busca, uma vez saciada a necessidade. O homem é um animal insaciável, mas Deus criou leis que balizam o funcionamento do organismo e, assim, aplicando sua inteligência, pode o indivíduo controlar-se, educando-se para viver em equilíbrio.

Precisamos considerar, portanto, que há doenças que resultam das escolhas que estamos fazendo nesta mesma existência e outras que já vêm programadas, por causa das escolhas em vidas passadas. Em todo caso, é preciso passar pelo período de dor, procurando aprender as lições que nos oferece, pois, caso contrário, voltaremos a cometer os mesmos equívocos que geraram as matrizes da enfermidade. Jesus, quando curava alguém, advertia: "Vai e não peques mais, para que não te suceda coisa pior". É que, com a repetição dos equívocos, as consequências se intensificam, para que o aprendizado se efetive.

As crianças não estão isentas desses desafios. Ao contrário, nos primeiros anos de vida, são muito sujeitas a doenças infecto-contagiosas, porque seu sistema imunológico não está completamente desenvolvido, por isso é muito importante estar atento às vacinas que devem ser ministradas para que elas possam ter mais saúde e se desenvolver com mais equilíbrio. Não devemos nos inquietar, até a idade de 3 anos todos os 'ites' são possíveis: amigdalite, faringite, otite, bronquite etc. Nossos filhos aprenderão conosco a entender o que as enfermidades ensinam. É importante que procuremos entender os mecanismos das leis divinas para sabermos evitar as doenças que possam ser prevenidas e enfrentar com resignação aquelas que estejam em nosso roteiro de aprendizagem, exemplificando um comportamento coerente no lar.

Enfermidade na família remeterá naturalmente a reflexões sobre desfechos possíveis, pois ou o indivíduo enfermo recobra a saúde ou caminha para o óbito. Geralmente, em nossa cultura, tendemos a não falar com a criança sobre essas questões com o intuito de preservá-la, mas, lembrando que ela está imersa na ambiência energética da família, será impossível ocultar-lhe os fatos. Melhor será dialogar sobre o assunto com naturalidade, encontrando uma linguagem adequada, para tranquilizá-la em relação aos problemas que estão em curso no ambiente familiar.

8. A Briga Entre Irmãos

É muito saudável e natural a briga entre irmãos. Eles estão conhecendo os seus limites. Não são naturais, no entanto, as agressões violentas. Na escola, quando uma criança morde a outra e deixa marcas, agimos com muita indignação, para que ela perceba a gravidade do seu ato, e a colocamos sentada em um lugar predeterminado para repensar a sua ação. Em casa, se os pais castigam com violência a criança, ela vai aprender a agir da mesma forma. Na escola, escrevemos cartazes e verbalizamos: VIOLÊNCIA, NUNCA!

Às vezes, uma palavra pode doer mais que um tapa, por isso devemos ensinar as nossas crianças a serem gentis. Claro que a raiva existe e sentimos muita raiva, quando somos agredidos, mas devemos ter em mente, e ensinar, que os agressores *estão infelizes*. Ninguém que está feliz tem vontade de agredir.

O verbo estar é diferente de ser. Dizemos às nossas crianças que fomos criados para sermos felizes. Se estamos infelizes, é porque precisamos aprender o caminho da felicidade, caminho esse que é feito de amor. Só quem ama pode ser inteiramente feliz. O amor pressupõe alguns outros sentimentos que precisamos fazer força para desenvolver, tais como a ternura, o carinho, a tolerância, o perdão e a alegria de viver!

Quando a criança está muito agressiva é imperioso pesquisar a razão. Não é normal o ser humano sentir prazer em machucar alguém, a não ser que já seja um doente emocional. Quando a criança está agredindo, na verdade, ela está se defendendo de alguma coisa que a está incomodando muito e não sabe dizer o que é. O adulto deverá ajudá-la a encontrar a causa e resolvê-la.

A propósito desse assunto, havia uma criança em uma turma de pré-escolar (1965 - Volta Redonda/RJ) que vibrava com o lobo mau e com toda personagem má das histórias. Buscando as razões em sua família, constatamos que o 'rótulo' com que a identificavam era: "esse menino é violento como o pai, adora ver os outros sofrerem" (foi o que a sua mãe disse, quando lhe contamos o procedimento de seu filho). A partir daí, fizemos todo um trabalho para retirar daquela criança 'aquele rótulo infeliz.'

9. A Desobediência e a Grosseria

Em torno dos seis anos, a criança pode entrar na fase da desobediência e da grosseria e se apresentar sempre do contra, com respostas 'afiadas' à mínima solicitação dos pais. Na verdade, ela está mostrando a sua necessidade de atenção e carinho. Muitas e muitas vezes, deve ter presenciado a forma grosseira com que os pais lidaram com os desafios do dia a dia e, também, estar contaminada pelo ambiente pesado, resultado dos momentos de desafeto vivenciados pelos seus pais. Como devemos proceder?

Abraçar muito e acariciar sempre essa criança; conversar muito com ela, ouvindo-lhe as fantasias, os sonhos, as mágoas; falar-lhe das suas imperfeições e da necessidade de todos aprenderem juntos a gentileza e o cumprimento dos deveres. Afinal, que pai ou mãe deseja ver o filho ou a filha sofrer? Não basta só convidar o filho a esse novo projeto, é preciso que toda a família esteja engajada, inclusive os empregados. Não use nunca a violência para lidar com a violência. Diz Santa Joana Angélica que "ninguém resiste ao toque do amor".

Em análise transacional, há uma história que ilustra bem esse tema. Contaram-nos, certa feita, que havia uma aldeia onde todas as pessoas eram felizes e gentis. Trocavam o tempo todo os "floquinhos macios" (que o professor representou com pedaços de algodão em nossas mãos para que apertássemos). Um dia, uma bruxa malvada espalhou um boato no povoado de que as pessoas deviam economizar os floquinhos macios, porque, se usassem demais, eles iriam acabar. As pessoas tiveram muito medo e começaram a trocar, de vez em quando, os "espetinhos duros" (o professor simbolizou com percevejos e colocou-os em nossas mãos para que apertássemos). Esses pequenos espetos viviam escondidos, porque machucavam, mas precisavam ser usados para que os floquinhos macios não acabassem. Quanto menos se usavam os floquinhos macios, mais eles iam desaparecendo... Até que um dia o povoado tornou-se triste, porque as pessoas só tinham espetinhos duros para oferecer.

Essa fábula representa as nossas opções no trato com as pessoas. Se nos acostumarmos, dentro do nosso lar, a trocar os espetinhos duros (críticas e grosserias), iremos perdendo os floquinhos macios (as palavras gentis e amorosas) do nosso coração. Estaremos sempre 'armados' para atacar ou sempre nos defendendo daqueles que precisamos amar e respeitar. Triste, não?

O lar deve ser um ambiente que nos proporcione a paz e as energias renovadoras de que precisamos para enfrentar as lutas do dia a dia.

> Em experiências realizadas com macacos resos, filhotes recém-nascidos foram tirados das mães e receberam duas opções de substitutas artificiais – um modelo frio feito de arame com uma mamadeira presa no meio e uma outra de pano felpudo macio e quente, onde não fora colocada uma mamadeira e que não tinha leite para oferecer. Em todos os casos, os filhotes preferiram se agarrar à mãe quente e macia, muito embora não lhes desse leite. O instinto do alimento emocional demonstrou ser mais poderoso do que o alimento físico. (D. Chopra. *Corpo sem idade, mente sem fronteira.*)

Muitas vezes, nossos filhos necessitam muito mais de aconchego do que de um belo brinquedo. Nada é mais importante que o afeto dos pais, sejam eles pais biológicos ou adotivos.

10. Sugestão de Atividades

- Caminhar na areia da praia e apanhar conchinhas. Quantas histórias se podem contar a partir de uma simples concha do mar... Separar por cor, por tamanho, realizar mil atividades (colagem, escultura etc.) ao levar algumas conchinhas para casa. Já imaginou a riqueza de conteúdo que representa um passeio na praia? Relembrar as lendas do nosso rico folclore e inventar outras... Não se esquecer, no entanto, de que o tempo que a criança ficar exposta ao sol terá que ser com protetor solar e não ultrapassar as 11 horas da manhã.[67] Observamos muitos pais que exageram nesse tempo, distraem-se, tomando a sua cerveja, e deixam a criança à mercê de um sol muito forte. É importante lembrar que, depois que assumiram a paternidade e a maternidade, faz-se necessário acordar mais cedo em benefício do seu pequenino.

- Passear no jardim zoológico, conhecer cachoeiras, visitar uma fazenda, ir ao parque são atividades que deverão ser exploradas pelos pais. São mo-

[67] Nota da editora: Estudos apontam para a importância do ser humano ter contato direto com os raios solares no período inicial da manhã ou final da tarde (o tempo de exposição varia de acordo com a cor da pele). O uso do protetor solar, nesse período, impediria a produção da vitamina D pelo organismo, vitamina responsável pela prevenção de diversas doenças (infecções respiratórias, tuberculose, câncer de intestino e próstata, osteoporose etc). Deve-se manter a preocupação com os raios solares nos períodos de incidência mais forte. De ordinário, divulga-se, entre as 10 horas da manhã e as quatro horas da tarde, mas isso dependerá da latitude da região em que se habita e da estação do ano.

mentos de alegria em que os pais não devem perder a oportunidade para trabalhar a criatividade da sua criança e, principalmente, perceber de forma mais clara o seu temperamento, as suas tendências e inclinações. Introduzir o seu filho ou filha à convivência com coleguinhas é, também, importante, mas chegar a um espaço de convivência e, simplesmente, entregar a sua criança para brincar com outras é perder a chance de enriquecer-se com esse contato. Não faça isso! Fique um tempo com ela, antes de permitir que vá ter com as outras ou então brinque com todas.

- A criança não deve ficar sem explicação para as coisas que estão acontecendo a sua volta. Muitas vezes ela não entende a explicação e encontra outra mais simples e mais fácil. Por exemplo: é capaz de acreditar que foi a mesa que bateu nela e de propósito, quando diz que a mesa é má. Elas acreditam nas coisas mais absurdas com a maior facilidade. Se você diz a ela "vai ver se eu estou no quarto", ela é capaz de ir verificar. Por isso essa idade é tão fascinante. Os pais devem curtir essa fase para enriquecer a fantasia e não ridicularizar a sua maneira de ver o mundo, tentando explicar tudo com a lógica do adulto. Será preciso, no entanto, fornecer o máximo de informação sobre a realidade para que ela possa diferenciar, com o tempo, o que é real do que é fantasia.

- Já aconteceu de a criança acreditar tanto em suas fantasias que, com a "capa do super-homem", tentou pular da janela do prédio para voar. É importante dar "asas à imaginação", mas estar sempre presente, para explicar que apenas os pássaros são capazes de voar, porque têm os corpos leves e o movimento de asas apropriado.

- Aos quatro anos de idade, a criança começa a tomar consciência de que é uma pessoa independente da mãe, por isso começa a separar o que é seu e apresenta um comportamento aparentemente egoísta, mas que não passa de um sinal de crescimento. Ela está se firmando como pessoa. É comum a criança querer exatamente o brinquedo que interessou ao amiguinho. Isso é natural e, nessas oportunidades, não se pode deixar de ensinar os 'limites', ou seja: nem todos os desejos podem ser realizados.

COM SUA CRIANÇA DE ATÉ TRÊS ANOS

Ampliação do vocabulário

- Interação através da linguagem (conversas informais, transmissão de avisos e recados etc.);
- Conhecimento de várias modalidades de linguagem (histórias, poesias, quadrinhos, piadas, músicas, adivinhações, provérbios, brinquedos cantados);
- Narração, reprodução e criação de histórias (com ou sem livro, individual e coletivamente);
- Dramatizações;
- Produção livre de desenhos;
- Exploração de diferentes materiais (massinha, tintas, madeira, plástico, pano etc.);
- Recortes de papéis com as mãos e introdução do uso da tesoura;
- Exploração, reconhecimento e reprodução de sons (vocais e não vocais, do próprio corpo, onomatopaicos e instrumentais);
- Exploração, reconhecimento e reprodução de ritmos;
- Canções folclóricas e populares;
- Danças;
- Organização de classes de elementos segundo os atributos: cor, forma, dimensão, posição, sabor, perfume, som, peso;
- Igualdade e diferença;
- Exploração do esquema corporal;
- Conhecimento dos diferentes animais (do jardim, do mar, da floresta etc.) e os aspectos de sua vida;
- Diferença entre animal e vegetal;
- Temperatura dos objetos (quente, frio, morno, gelado);
- Observação dos fenômenos da natureza (nuvem, chuva, sol, relâmpago etc.);
- Reconhecimento de si próprio como membro de uma família;
- Valorização da família por meio de histórias;
- Observação das pessoas que trabalham na escola e o que fazem;
- A valorização do trabalho;
- Noções referentes a pertinência, vizinhança, posição, inclusão, limites;
- Representação e introdução das formas: quadrado, círculo, linha;
- Em cima e embaixo, atrás e na frente, maior e menor, grande e pequeno, caminho reto e caminho curto, ponto e reta, perto e longe;

- Muitos exercícios de psicomotricidade, obedecendo à faixa etária em que a criança se encontra, com especial atenção para jogos de criatividade.
- Astros
    - Identificação do dia, da noite e das estações do ano;
    - Reconhecimento de alguns astros: sol, lua, terra, estrelas, cometas etc.
- Força e movimento
    - Experimentação de deslocamentos pela atuação de forças (cabo de guerra, levantamento de objetos com alavancas, balança, gangorra);
    - Produção e observação de movimentos curvilíneos e retilíneos (trajetória de bola, avião de papel, carrinhos, plano inclinado).
- Calor
    - Reconhecimento de diferentes fontes de calor (sol, lareira, vela etc.);
    - Transmissão de calor (colher na água quente, sapato depois de retirá-lo, copo de água gelada etc.).
- Luz
    - Reconhecimento de fontes de luminosidade (sol, lâmpada, lanterna etc.);
    - Observação de sombra (teatro de sombras);
    - Observação dos efeitos da luz sobre diferentes superfícies (vidro, água, metais, bolhas de sabão, arco-íris).
- Som
    - Identificação de sons produzidos pelo corpo, por objetos, pela natureza, por materiais diversos;
    - Propagação do som;
    - Reconhecimento da tonalidade (agudo, grave) e da intensidade (alto, baixo) do som.

A PARTIR DOS QUATRO ANOS:

1. Linguagem oral:
    - Ampliação do Vocabulário (descrição de pessoas, objetos, cenas e situações);
    - Interação através da linguagem (conversas informais, transmissão de avisos e recados, relatos de experiências, verbalização de ideias);
    - Conhecimento das várias modalidades de linguagem (histórias, poesias etc.);
    - Narração, reprodução e criação de histórias;

- Dramatização de histórias, situações vividas e situações criadas;
- Reconhecimento da estrutura da linguagem.

2. Grafismo e linguagem escrita:
   - Desenho de pessoas, objetos, cenas e situações;
   - Produção livre de desenho e escrita, diferenciação entre desenho e escrita;
   - Produção de livros, histórias, álbuns, jornais, murais, convites, cartas, receitas etc.

3. Expressão Plástica:
   - Confecção de objetos e maquetes, utilizando técnicas variadas de desenhos pintura e modelagem, bem como material de sucata e refugo da natureza;
   - Confecção de dobraduras;
   - Trabalho com diferentes materiais;
   - Recortes em material variado.

4. Expressão rítmica:
   - Exploração, reconhecimento e reprodução de sons;
   - Exploração, reconhecimento e reprodução de ritmos;
   - Conhecimento e reprodução de canções folclóricas;
   - Mímicas, dramatizações e danças.

Desenvolvendo habilidades com a matemática

1. Classes:
   - Organização de classes de elementos segundo os atributos: cor, forma, dimensão, posição, quantidade, textura, sabor, odor, som e peso;
   - Identificação de subclasses segundo os atributos acima, para a aquisição do conceito de inclusão de classes;
   - Correlação entre classes;
   - Igualdade e diferença.

2. Séries:
   - Séries de elementos em ordem crescente e decrescente;
   - Equivalência entre séries, igualdade e diferença;
   - Experiências envolvendo noção de tempo.

3. Noções de número:
   - Trabalho com diferentes quantidades, adicionando ou subtraindo elementos;
   - Identificação dos numerais.

4. Noções espaciais, topológicas e geométricas:
   - Noções referentes a pertinência, vizinhança, posição, inclusão, limites;
   - Exploração e conhecimento do esquema corporal da lateralidade e localização no espaço em relação a outros objetos;
   - Noções projetivas iniciais.

Brincando com as ciências naturais

1. Ser humano:
   - Identificação do homem como um animal e suas necessidades básicas;
   - Conhecimento do corpo humano;
   - Exploração dos órgãos dos sentidos;
   - Conhecimento das etapas da vida;
   - Reconhecimento das doenças comuns na infância.
2. Animais:
   - Conhecimento dos animais e suas características físicas;
   - Conhecimento dos aspectos da vida animal;
   - Conhecimento dos usos feitos pelo homem;
   - Precauções quanto ao equilíbrio da natureza (ecologia);
   - Conhecimento das etapas da vida.
3. Vegetais:
   - Conhecimento dos vegetais: partes e funções;
   - Conhecimento das diversas fases do desenvolvimento do vegetal;
   - Experiências e observações sobre a importância dos vegetais.
4. Água:
   - Observação dos fenômenos da natureza;
   - Experiências relacionadas aos estados da água;
   - Corpos que afundam, corpos que flutuam.
5. Ar:
   - Constatação da existência do ar e de sua força (estourar sacos de papel, afundar vidros e observar as bolhas, encher bolas de ar, soprar canudos na água, movimentar cata-ventos etc.).

6. Materiais:
   - Diferentes materiais existentes;
   - Mistura de materiais diferentes (água e sal, água e areia, água e tinta, água e talco, água e óleo, café com leite etc.);
   - Reconhecimento de diferentes tipos de solos e minerais.

TERCEIRA UNIDADE

ATENÇÃO, PAIS!

1. A Missão do Ser Humano na Terra

Ana Elisa foi uma menina muito esperta, hoje já é uma linda mocinha. Quando tinha os seus quase sete anos perguntou à sua mãe:

- Mamãe, porque você diz que eu sou linda e eu sei que não sou?

Sua mãe apanhou um espelho e lhe pediu que olhasse no espelho e apontasse em qual parte ela não se achava bonita. A menina ficou olhando demoradamente e respondeu:

- Os meus olhos são muito caídos; lá na escola o Carlos disse que tenho olhar de 'peixe morto'.

Sua mãe então lhe disse:

- O peixe morto tem o olhar sem vida. O seu olhar é brilhante e cheio de vida, porque se movimenta para qualquer lado que queira. Diga ao Carlos que ele se enganou, o seu olhar é de gente viva e por isso é lindo! Além do mais, filhinha, todos somos lindos, porque cada um de nós é diferente do outro, nisso está a beleza do criação divina.

Estamos na Terra em obediência à lei do progresso. Deus cria o espírito simples e ignorante, mas com potencial para o desenvolvimento pleno de todas as virtudes. A criança precisa ouvir de seus pais, desde o ventre materno, que a vida no planeta representa um grande ensejo de crescimento e evolução; que o destino do homem é o aperfeiçoamento para que ele possa usufruir da herança que Deus lhe reserva

– todo o universo – e que, para isso, ela precisa frequentar a escola, os parques, as igrejas, tudo que lhe permita estar com outros seres semelhantes a ela, porque todo contato humano é educativo. Existem vários tabus sobre a melhor idade para se entrar na escola, sobre os brinquedos adequados para acelerar o aprendizado e sobre outros assuntos pertinentes ao desenvolvimento da criança. Vamos examinar alguns mitos e tabus.

2. Os Mitos e os Tabus

Trabalhar com pessoas é estar sempre diante de muitas novidades. Na verdade, não existem fórmulas mágicas para o trato com os seres humanos, porque cada ser é um universo fantástico, singular e inigualável. Precisamos 'passar a limpo' alguns mitos e tabus que fazem parte das nossas crenças educacionais. Analise se lhe são familiares as seguintes proposições:

- Na faixa etária de zero a três anos, o melhor para a criança é ficar, todo o seu tempo, com a mãe.
- A melhor idade para se iniciar o período escolar é três anos.
- As grandes escolas são mais interessantes, porque a criança frequentará a mesma escola do maternal à universidade.
- A criança que usa brinquedos que reproduzem armas será um adulto violento.

Seriam verdadeiras essas afirmativas?

Primeiramente, gostaria que abandonássemos o uso da palavra 'creche' para definir o espaço infantil de atendimento a crianças de zero a seis anos, porque essa palavra faz o estabelecimento soar como 'depósito de criança' (lugar onde se coloca a criança, enquanto a mãe vai para o trabalho). Não deveria ser isso! Não vamos chamar, pois, esse local de 'creche', e sim, de 'espaço infantil'. O espaço infantil é um lugar maravilhoso, onde sonho e fantasia podem se tornar reais; onde, por meio de estímulos, crescemos junto com as crianças, participando, com seriedade, do seu brincar.

> (...) Alguém poderia objetar que uma simples vida humana, limitada entre o nascimento e a morte, só pode conter uma quantidade finita de informações: como poderiam então o imaginário individual e a experiência individual estender-se para além desses limites? Pois bem, acho vãos todos esses esforços para fugir à vertigem do inumerável... (Ítalo Calvino)

É verdade. Seria uma tentativa inútil querer colocar um ponto final na mente do indivíduo. Nessa faixa etária, quanto mais mergulhar fundo no imaginário infantil, libertando o sonho e a fantasia, mais a criança se tornará criativa e feliz.

Em Juiz de Fora, o trabalho voluntário em algumas clínicas psiquiátricas permitiu-nos constatar, com perplexidade, o número crescente de neuróticos e psicóticos que abarrotam esses espaços e, então, entendemos melhor o que dizia o dr. Lee Salk,[68] quando escreveu que "o custo para a sociedade do tratamento e cuidados com os que sofrem de distúrbios emocionais é atordoador". Embora o campo da saúde mental seja cheio de controvérsias, todos parecem concordar que os problemas emocionais têm raízes bem no princípio da vida, pois os hábitos adquiridos na primeira infância são difíceis de serem trabalhados na vida adulta. Assim, devemos concentrar na educação infantil todo o nosso esforço, pois o custo será menor para a sociedade, se conseguirmos minimizar os efeitos danosos da ação equivocada que, muitas vezes, exercemos sobre a criança pelo fato de estarmos mal preparados para a tarefa de educar.

É importante lembrar, ainda, que trabalhar com a sensibilidade de Montessori, a organização de Dewey, os jogos de Claparède, o culto à natureza de Rousseau, a lógica de Piaget, a zona proximal de Vygotsky, o construtivismo de Emilia Ferrero, o amor de d. Bosco, Pestalozzi e tantos outros educadores, significa focalizar aspectos do processo educacional que estão sintetizados na educação preconizada por Jesus, que, utilizando pequenas histórias, ensinava o significado da vida, o que, para nós, é o escopo da educação.

---

[68] *O que todos os filhos gostariam que seus pais soubessem.*

Queremos relembrar que, em se tratando de educação, o mais importante não é em que idade a criança deve ir para a escola, tampouco o material didático a ser utilizado ou o método pedagógico a ser escolhido. O mais importante é quem são as pessoas que irão participar da educação da criança, quais são suas verdades, como elas veem a vida, quais as suas metas para o futuro, em que nível de consciência se encontram e como vivenciam o amor...

Em síntese, podemos dizer que educar é ensinar a pensar. A capacidade de pensar identifica o ser humano, mas bem poucos sabem usar o pensamento em benefício próprio. A maioria de nós estaciona na faixa dos pensamentos autodestrutivos. Para elaborar ligações mentais cada vez mais abrangentes e favoráveis ao crescimento mental e espiritual, faz-se necessário adquirir conteúdos novos pelo estudo e pela reflexão. Não se pode ensinar o que não se sabe e, por isso, toda educação é uma autoeducação. Tomando consciência dos próprios atos, é possível estabelecer uma 'visão de futuro' cuja meta seja a felicidade do ser humano na Terra. Se o professor não tiver a capacidade de projetar no amanhã o resultado das sementes que lança, hoje, no psiquismo da criança, ele ainda não tomou consciência de que é um educador.

3. Derrubando Mitos e Tabus

"Será que a criança de zero a três anos não pode prescindir da presença da mãe?"

A criança, até 12 meses de idade, necessita de quem tenha disponibilidade (não necessariamente a mãe) para oferecer-lhe estímulos que favoreçam o desenvolvimento do seu sistema neurossensorial, com carinho e atenção. O sistema neurossensorial nos permite perceber o mundo pelos sentidos físicos. Se, nesse período da vida, a criança é tratada com nervosismo e/ou indiferença, ela terá dificuldade para perceber o mundo como algo bom. Em torno dos dois anos, ela vai aprender a falar (controlando a respiração), a comer, a pensar, a se situar no mundo...

Os pais deveriam ser as pessoas com mais disponibilidade para acompanhar essa fase do filho, deveriam ter, principalmente, disponibilidade emocional para isso, no entanto a sociedade moderna vem nos apresentando o seguinte quadro: a mulher, a quem sempre coube o papel de educadora na estrutura familiar, tem procurado também se realizar profissionalmente e, quando tem filhos, precisa encontrar alguém de muita confiança para substituí-la junto a ele, durante o período de seu trabalho. Se o casal tiver sorte, poderá encontrar uma pessoa bondosa para ficar com a criança, mas nunca alguém com conhecimentos pedagógicos e fundamentos filosóficos que favoreçam a ação educacional adequada.

Ainda existe no contexto cultural o 'ranço machista' de que educar é coisa de mulher. Por outro lado, pelo acúmulo de diferentes atribuições, homem e mulher se tornam pessoas ansiosas e 'cheias de dúvidas'. A mulher, além das dúvidas, sente-se 'culpada', por dedicar-se, também, à sua profissão. Dessa forma, o tempo dispensado à criança fica comprometido pelos sentimentos contraditórios que estão presentes no psiquismo dos pais. Por isso, será muito melhor que a criança, nessa fase, vá para o espaço infantil, onde terá a atenção de pessoas especializadas, evitando-se, desse modo, que se instale em sua mente a sensação de ser um 'estorvo' na vida de seus pais.

O jornal *O Globo* (30/04/00) publicou uma reportagem sobre a escritora norte-americana Sarah Blaffer Hrdy - professora de antropologia da Universidade da Califórnia - que escreveu um livro em que questiona o mito do amor materno. Analisa a autora:

> Como o amor incondicional e automático pode existir, se o ser humano é a única espécie de primata em que o infanticídio é praticado pela mãe? O amor maternal é desenvolvido aos poucos, no contato com a criança, sobretudo na amamentação, principal elo entre mãe e prole...

Hrdy acredita, ainda, que o bebê precisa seduzir a mãe para garantir a sua subsistência...

Na reportagem tão bem escrita de João Ximenes Braga, enfatiza-se ainda que:

> (...) um dos pontos recorrentes do livro de Hrdy é a intenção de derrubar a ideia de que os dilemas da mãe que trabalha são uma novidade pós-guerra. Desde os tempos em que as fêmeas de ancestrais do *Homo Sapiens* saíam para colher vegetais, enquanto os machos caçavam, crianças são deixadas com outras fêmeas. Ainda em sua teoria, se, em dado momento, as mulheres passaram a ser impedidas de trabalhar e se tornaram domésticas, foi porque os machos buscaram criar culturalmente o que a biologia não lhes garante: a certeza da paternidade e da preservação dos genes de cada indivíduo.

Na atualidade, contudo, apesar de todo o movimento de emancipação feminina, há mulheres que realmente amam o serviço doméstico e fazem a opção pelo trabalho do lar. E quantas não são as que diminuem o seu tempo de trabalho fora do lar para atender as necessidades do seu bebê? Outro fato interessante é perceber, em muitos pais, o instinto materno, ou seja, o pai que é muito mais maternal do que a mãe.

É preciso entender que dá para conjugar o trabalho fora do lar e o trabalho para atender as necessidades da criança. O que os pais devem fazer é dar qualidade ao tempo que tiverem disponível para seu filho. Dar qualidade ao tempo significa engajar-se emocionalmente na realidade infantil. A criança não tem necessidade de brinquedos caros, sofisticados ou muitos brinquedos. Necessita, sim, da criatividade dos pais. Por exemplo, se o pai, mãe ou responsável pela criança entrar debaixo de uma mesa com o seu pequenino, disser que estão em uma máquina do tempo ou em um foguete em direção à lua e der asas à imaginação, surgirão histórias incríveis e a criança só terá a ganhar no seu potencial intelectivo. Imaginem, também, sentar sobre um tapete e voar entre as estrelas, montar em uma vassoura como Harry Potter, sentar na banheira e dizer que é um navio, recortar bonequinhas de papel, construir fantoches, dizer que uma cadeira é encantada e fala, que o travesseiro é um computador que registra todos os sonhos sonhados sobre ele etc.

A atitude mais inadequada é a que mais acontece: dividir o tempo dedicado à criança com a televisão.

"A melhor idade para se dar início à jornada escolar é três anos?"

Acreditamos que não. A melhor idade varia com a necessidade de cada casal. Temos trabalhado com crianças de até quatro meses de idade que se desenvolvem com muita alegria. Para ilustrar o que estamos dizendo, vamos contar a experiência com criancinhas alemãs que recebemos em nossa escola. Na Alemanha, a idade mínima para se frequentar uma escola é três anos de idade. Uma das mães, pedagoga na Alemanha, colocou os seus dois filhinhos, um de um ano e outro de dois anos, no nosso espaço infantil. Colocou, porque se sentia sozinha em nossa cidade, sem entender uma só palavra da língua portuguesa e, por isso, concluiu que seria bom colocar os seus filhos para brincarem com as crianças brasileiras, para que não se sentissem da mesma forma. Depois de um ano de convivência, ela nos deu um importante depoimento: quando foi visitar os seus parentes na Alemanha, os seus filhos se destacaram pela alegria e vivacidade que demonstravam entre outras crianças da mesma idade. Afirmou que, quando retornasse, definitivamente, para a Alemanha, defenderia a ideia da escola infantil para crianças menores de três anos de idade, porque ficou encantada com o crescimento psicológico de seus filhos.

Muitas mães pensam que deixar a criança na casa da avó é melhor, porque ela ficará mais amparada. A avó diz: "coitadinha da criança, tão pequenininha para sofrer na escola..." Mas a casa da vovó, na maioria dos casos, contribui para tornar a criança dengosa e mimada. É bom desfrutar do carinho dos avós, mas não se deve transferir a tarefa educacional dos pais para os avós. Não é sem motivo que a maternidade acontece na juventude. As pessoas mais velhas têm mais experiência de vida, mas nem todas têm a energia necessária para acompanhar as travessuras da criança na primeira infância. Além do mais, há outros detalhes na relação avós-netos que podem dificultar o processo de educação da criança. Remetemos o leitor a outra publicação em que desenvolvemos mais esse tema.[69]

Numa reportagem[70] de Daniela Falcão, aprendemos que a década de 90 está sendo conhecida como a "década da pesquisa cerebral". O texto nos informa o seguinte:

> A maior diferença entre o cérebro do recém-nascido e o do adulto é que, logo após o nascimento, os neurônios do cérebro do bebê ainda não estão conectados. O início da produção de sinapses - conexão entre os neurônios - vai permitir que a criança pense e aprenda(...).
>
> (...) Aos três anos, ocorrem cerca de um trilhão de sinapses, número que se manterá estável até os dez anos. A partir daí, em seu esforço de autoconservação, o cérebro passa a eliminar as conexões que não são utilizadas com frequência. Por isso, insistem os cientistas, é tão importante aproveitar as janelas de oportunidade, oferecendo estímulos para que o bebê desenvolva o maior número de conexões possível.

---

[69] BRANDÃO, Leila; SOUZA, Dalva; GUIDA, Cylene *A mãe na vitrine.*

[70] *Folha de São Paulo* (02/02/98).

> Uma criança que cresce em um ambiente junto a adultos que não conversam nem leem para ela poderá ter dificuldade no futuro. Da mesma maneira, se o cérebro não for exposto a estímulos visuais nos primeiros meses de vida, o bebê terá limitada a sua visão, mesmo que seus olhos não apresentem nenhum problema físico(...).
>
> (...) Um ambiente estimulante pode ser decisivo na capacidade da criança de tocar instrumentos, entender conceitos de geometria espacial, ser criativa ou ter um discurso articulado (...).

O texto já diz tudo. As pessoas que lidam com a criança e o ambiente preparado para o seu desenvolvimento são tão importantes que poderão constituir o diferencial quanto à preparação do futuro dessa individualidade.

"A escola infantil deve ser integrada ao ensino fundamental para que a criança vá do maternal ao pré-vestibular numa mesma escola?"

Esse nos parece o maior de todos os equívocos! A criança inicia a sua jornada escolar com um ano de idade, ou até com meses, e, entre três e quatro anos, depois de estar adaptada e feliz, é retirada da escola pequena para enfrentar a escola grande. Tudo isso, muitas vezes, simplesmente porque os seus pais desejam que ela estude na escola em que eles estudaram.

É importante que seu filho não fique mudando de escola. Se a escola da sua simpatia não tem berçário, aguarde que ele complete os três anos para colocá-lo onde deseja. Existem as grandes escolas que tem o espaço da primeira infância separado dos demais cursos. Elas foram crescendo com os seus alunos e se tornaram um enorme espaço educacional que vai do berçário ao pré-vestibular, mantendo atenção, no entanto, às condições ideais para os pequeninos.

De uns anos para cá, as escolas particulares de grande porte vêm perdendo alunos com a crise econômica e, por isso, precisaram criar turmas de maternal, a fim de garantir os alunos futuros. É preciso observar, no entanto, que algumas escolas não consideraram o fator estresse provocado nos pequeninos que são inseridos em turmas numerosas e pátios imensos. Os jovens pais não são esclarecidos sobre os danos que esse procedimento pode causar a seus filhos. Fazemos, pois, a advertência: "a escola oferece comodidade e os melhores recursos pedagógicos, mas pode não ter preparado o espaço ideal para crianças menores de 5 anos."

Retirar a criança da escola pequena e colocá-la em uma grande, que não ofereça o espaço ideal, pode ocasionar, por exemplo:

1. O estresse – "estado de desequilíbrio do organismo resultante de sua incapacidade de superar ou tolerar determinadas exigências do mundo exterior. O estresse ataca de bebês a velhos, independentemente da classe social. Ele pode provocar diarreias, crise de asma, depressão, dores musculares e coceiras generalizadas. Costumo brincar dizendo que a melhor vacina para infecções é a vacina mental. Compreendendo os fatores da vida e do comportamento que provocam o estresse, já teremos meio caminho andado para a proteção do organismo contra muitas doenças, pois aprenderemos a preservar o sistema imunológico" (Jorge Alberto Costa e Silva – Presidente da Associação Mundial de Psiquiatria).

A criança fica estressada quando o estímulo é maior do que o que sua idade lhe permite compreender. Muitas crianças apresentam febres, vomitam nos horários de ir para a escola, voltam a urinar na cama, choram à toa, tornam-se agressivas, apresentam crises de pavor noturno, algumas voltam a usar a chupeta, outras começam a roer as unhas, a chupar o dedo etc. Na verdade, o estresse pode abreviar, também, alguns anos de vida da pessoa e reduzir a sua capacidade de viver bem no mundo.

2. *A perda de interesse* – algumas crianças passam a não gostar de estudar, a partir desse 'trauma' sofrido. Ir para a escola deve ser sempre uma alegria, um prazer. Quando a criança começa a inventar doença para não ir à aula e, às vezes, adoece mesmo, é sinal de que alguma coisa não está bem para ela.
3. *O amadurecimento precoce* – a situação criada faz amadurecer as emoções precocemente, já que a competição se torna muito grande (vinte crianças de quatro anos em uma sala de aula é demais, imaginem de três anos!), é o que chamamos de 'queimar etapas.' A criança necessita viver cada etapa do seu crescimento. Qualquer perda nessa faixa etária é irrecuperável... "ensinar mais cedo conteúdos, sem nenhum respeito pelo ritmo individual e pelas ne-

cessidades de cada etapa de desenvolvimento submete a criança desde a fase pré-escolar a situações de stress, a uma desconfiança em relação a sua competência, acarreta frequentes distúrbios psicossomáticos e não contribui para a formação de vínculo com a escola e com a aprendizagem." (Campos, Maria Célia Malta. *Avaliação Psicopedagógica da Criança de 0 a 6 anos.*)

4. *A perda do convívio mais estreito com os menores* - a escola pequena é como a família em que a criança convive, bem de perto, com pessoas de todas as idades. Numa escola grande, elas perdem esse contato tão importante para o seu crescimento. Vygotsky criou o conceito de "zona proximal de desenvolvimento", que pode ser aplicado ao convívio de crianças em idades diferentes, tornando-se o mais velho o parceiro mais competente que ensina o que já sabe ao mais novo, fixando, com isso, o seu aprendizado.
5. *A perda do atendimento individualizado* - a professora não consegue perceber todas as necessidades da criança, quando a turma é grande. O acompanhamento da letra, sua inversão, o potencial criativo, a dicção, a audição, a dislexia, as dificuldades emocionais (gagueira, timidez etc.), tudo isso exige mais tempo disponível para cada criança.
6. *O aparecimento de complexos* - como o número de crianças é excessivo, alguns aspectos do relacionamento da criança com seus colegas passam despercebidos. É comum surgirem complexos de inferioridade, por causa dos apelidos dados pelos mais espertos. Se a professora não percebe o que está acontecendo, não pode intervir para ajudar a criança a lidar com as dificuldades que surgem na interação com as demais de sua classe.
7. Certa feita, uma amigo meu, já adulto, confidenciou-me que deu muito trabalho aos seus pais na idade escolar, por odiar a escola. Relatou que os alunos lanchavam antes de sair para o recreio e, frequentemente, um coleguinha tomava-lhe o lanche e o chamava de 'mariquinha'. Ele não contava para a professora, porque seus outros amigos diziam que quem contasse era mesmo 'mariquinha'. Segundo ele, a professora nunca percebeu que isso acontecia. Eram 27 crianças na sala de aula.
8. *O distanciamento dos pais* - os pais são tratados de maneira massificada, como se fossem todos iguais, pela impossibilidade de um contato mais próximo que só a escola pequena proporciona.
9. *O aniversário na escola* - a criança adora comemorar o seu aniversário com os amiguinhos da escola. Muitas escolas grandes não podem permitir esse evento com um tempo hábil que favoreça o desenvolvimento da autoestima

da criança, o que é necessário nessa faixa etária (a etapa 'narcísica' precisa ser vivenciada). Muitas vezes, na escola maior, é tudo muito corrido e não são dispensados mais que 30 minutos para o evento - pelo motivo óbvio da quantidade de crianças.

A partir dos sete anos, a criança estaria mais preparada para enfrentar uma escola grande, porque todas as suas etapas de crescimento já teriam sido vivenciadas, permitindo o desenvolvimento do seu sentimento de identidade e maturidade emocional. Veja o que diz um dos estudiosos do assunto: "Antes que a criança possa se preocupar com o outro, ela necessita ter formado uma imagem estável e valorizada de si capaz de garantir sentimento de identidade e de vida psíquica." (MCDOUGGALL. *Avaliação psicopedagógica da criança de 0 a 6 anos.)*

Antigamente, quando a família era grande, o pequeno aprendia a ler com o irmão mais velho. A convivência com idades diferentes é muito favorável ao desenvolvimento sadio da criança, mas em grupos pequenos.

"Será que a criança que usa brinquedos que reproduzem armas poderá vir a ser realmente um adulto violento?"

Não é essa a razão pela qual a criança se tornará um adulto violento. A carência afetiva parece ser a gênese da violência nos seres humanos. Segundo Jung, estamos imersos no ambiente psíquico de nossos pais, que trazem, também em si, os 'arquétipos' de nossos ancestrais. Nossa história tem sido escrita com muitas guerras, grandes e pequenos conflitos.

> A brincadeira, o jogo, não é uma simples recordação de impressões vividas, mas uma reelaboração criativa delas, um processo através do qual a criança combina entre si os dados da experiência no sentido de construir uma nova realidade, correspondente às suas curiosidades e necessidades.[71]

É assim que, brincando, a criança representa o seu mundo íntimo e combina as suas emoções e necessidades com as necessidades do

---

[71] RODARI, Gianni. *Opus cit.* Cap. 44: "Imaginação, criatividade, escola".

mundo que a rodeia. Os pais, estando atentos às brincadeiras de sua criança, poderão avaliar com mais clareza o que se passa em sua cabecinha, como ela está se vendo no mundo que a cerca.

Vale a pena retomar aqui uma discussão que já apresentamos em outro trabalho:[72]

A repressão que o adulto impõe à criança, quando desconsidera essa sua necessidade, vai gerar recalques psíquicos, cujos efeitos só emergirão mais tarde e talvez seja muito difícil encontrar as raízes do desajuste sem a ajuda de especialistas: psicólogos ou psiquiatras. Mesmo assim, a resolução do conflito exigirá, muitas vezes, que esse especialista, além de considerar a repressão geradora do recalque, seja capaz de entender que o que ficou para trás foi a chance de reviver pela brincadeira e reelaborar criativamente conteúdos psíquicos emergentes do contato com esse universo de energias invisíveis aos olhos comuns, mas que têm efeito em nossas vidas.

Não é fácil responder às perguntas: E o que fazer nesse caso? Será possível encontrar na vida adulta um sucedâneo para a brincadeira infantil? Agora que o indivíduo já está numa fase menos suscetível à influência dos educadores, pode-se levá-lo à reelaboração criativa de conteúdos arquivados em seu psiquismo? De que maneira se pode fazê-lo? Aqui não é o momento de buscar as respostas a essas questões, mas formulá-las é importante para nos dar a dimensão dos prejuízos que o adulto pode causar àqueles que estão situados na condição de seus filhos por uma ação educacional equivocada.

> (...) Observando bem a História da Humanidade, saltam aos olhos os episódios de violências e guerras de que ela se compõe. As crianças de hoje não são imunes aos efeitos que esses episódios ainda causam, além disso, a ambiência invisível das coletividades humanas ainda não está isenta de energias desse teor, isso é evidente. É muito natural que as brincadeiras infantis tenham como centro de interesse reproduções disso. Impedir que a criança traga esses conteúdos à tona e os recrie de maneira mágica e fantástica, resolvendo-os no sentido de construir uma nova realidade, não parece ser o caminho para impedir a formação de um adulto agressivo, pelo contrário, é exatamente a repressão

[72] SOUZA, Dalva. *Os caminhos do amor*.

> que poderá criar um recalque gerador da agressividade no futuro. Resumindo, "brincar é uma atividade com conteúdos simbólicos que as crianças usam, para resolver, num nível inconsciente, problemas que não tem condições de resolver na realidade".[73]
>
> Ainda se pode destacar aqui o fato de que nenhuma estatística existe como resultado de um estudo sério, no sentido de comprovar os efeitos morais danosos à vida adulta das brincadeiras infantis com brinquedos que reproduzem armas. E existem, por outro lado, pesquisas bastante sérias que parecem confirmar totalmente a concepção de que aquelas culturas que dão muito afeto físico a seus filhos e não reprimem as atividades espontâneas de crianças e adolescentes, geram adultos pouco inclinados à violência, enquanto que as culturas que se caracterizam por baixo nível de afeto físico à criança e comportamentos repressivos por castigos físicos desenvolvem adultos violentos e agressivos.[74]

Evidencia-se, portanto, que a criança educada em um clima de desafeto e violência física, ou seja, com surras e castigos corporais, poderá vir a ser um indivíduo violento. Observamos também que nem todas as crianças se sentem atraídas por brincadeiras com armas de brinquedo, porque não somos fabricados em série, cada um é um universo inteiro de impulsos e possibilidades. Não devemos incentivar nosso filho a usar armas de brinquedo em suas horas de lazer, mas, se a criança tem esse impulso, não devemos reprimi-los, e sim procurar direcioná-los, observando-a, enquanto brinca, dialogando com ela sobre o assunto para entender o que a motiva.

Por muito tempo, acreditou-se que a criança era um 'adulto em miniatura' pelo fato de ser 'igualzinha' a um adulto pequeno. Os estudos de Piaget mostraram que a criança tem um psiquismo bem diferenciado. Na verdade, suas conexões nervosas estão se processando e a infância 'prolongada, que nos diferencia dos demais mamíferos, é providencial para essas conexões. Dizemos infância prolongada, porque um gatinho e um cachorrinho gastam apenas alguns dias para andar e

---

[73] BETTELHEIM, Bruno. *Opus cit.* Cap. 16, p. 174.

[74] GAIARSA, José Ângelo. *Poder e prazer*, p. 19.

buscar sua alimentação, mas quanto tempo temos tido que dispensar à criança para que ela consiga o mesmo?

Brincar é coisa muito séria e o espaço para a criança brincar deve ser preservado. Enquanto a criança brinca, o adulto deve observá-la e também buscar conversar com ela sobre as decisões que está tomando em suas brincadeiras e o porquê de tais decisões.

4. Os Medos e as Culpas

É natural a preocupação dos pais em relação à educação de seus filhos, o medo de não estar fazendo o que é certo. Educar não é uma coisa simples, não se pode pensar em utilizar fórmulas que deram certo com outras pessoas. Podemos aproveitar a experiência dos nossos pais, ou seja, lembrar a maneira como fomos criados, e também podemos buscar subsídios em estudos feitos sobre o assunto, mas cada ser humano é um desafio novo e traz a sua própria bagagem psíquica. Para vencer as dificuldades, precisamos instituir a prática do diálogo entre os envolvidos na educação dos filhos e discutir, claramente, as metas que pretendemos atingir.

A culpa que a mãe alimenta, quando deixa seu pequeno no espaço infantil, é outro grande empecilho à felicidade de educar. Os condicionamentos milenares recebidos sobre a necessidade imperiosa da presença materna para o bom desenvolvimento da criança nessa faixa etária geram esse sentimento de culpa.

Hoje afirmamos, com certeza, que não é a quantidade de tempo que a mãe dedica ao filho que favorece o seu desenvolvimento, mas sim a *qualidade* desse tempo. Por isso, quando você estiver com sua criança, esteja por inteiro, fazendo do momento algo muito especial, um tempo de comunicação. É muito importante entender e fazer-se entender. Recomendamos que peça à criança para repetir a solicitação feita para saber se ela realmente entendeu o que foi solicitado. A criança se sente incapaz, quando não consegue realizar o que o adulto lhe pediu. E, na maioria das vezes, ela não realizou, porque entendeu errado ou não entendeu a solicitação. E que alegria sente quando recebe aplausos pela tarefa cumprida!

O carinho físico é extremamente necessário. Evite deixar que a criança faça tudo, sem limites, ainda pelo sentimento de culpa. É importante ressaltar que adultos que tiveram pais extremamente 'liberais,' quando crianças, não têm outro registro que não o do sentimento de abandono, solidão e confusão.

> A criança que não aprende a ter limites para o seu querer, para os seus desejos e vontades, que tudo quer e tudo pode, tende a desenvolver distúrbios de conduta, desrespeito aos pais, colegas e autoridades, incapacidade de concentração, dificuldade para concluir tarefas, excitabilidade e baixo rendimento. (ZAGURY, Tânia. *Limites sem trauma.*)

Vale a pena aqui examinar um relato interessante de Roberto Shinyashiky no seu livro *A carícia essencial.* Trata-se de uma experiência feita pelo dr. Levine com um grupo de ratos. Ele dividiu filhotes de ratos em três grupos. O primeiro grupo foi colocado em uma gaiola que recebia eventuais choques. Eles eram colocados e retirados para serem acariciados de vez em quando. Na segunda gaiola não tinha choques e os ratinhos eram também retirados de vez em quando. Na terceira gaiola os ratos foram deixados lá até se tornarem adultos. Com a experiência perceberam que a estimulação positiva (carinhos) ou negativa (choques) acelera o funcionamento do sistema glandular suprarrenal, fazendo com que os animais manipulados abrissem seus olhos mais cedo, tivessem mais peso, crescessem mais rápido, tinham mais resistência física e apresentavam mais iniciativa e criatividade. Os ratos do terceiro grupo, que não receberam nenhuma atenção, quando retirados da gaiola, agachavam-se e encolhiam-se sem nenhuma iniciativa para explorar o novo ambiente. Eram medrosos e menores.

> (...) Na tentativa de educar os filhos de forma moderna, os pais tendem a descartar o antigo, tido como tradicional e hierárquico. Assim, na busca do novo, as experiências do passado, vivenciadas na família

> de origem, deixam de ser possíveis referências educativas para as gerações atuais. Observa-se que há um compromisso de reinventar a forma de educar os filhos, sem que seja permitida a busca de apoio nas experiências anteriores, já que elas são consideradas como algo que deve ser superado (CALDANA:1980). Este é um dos típicos dilemas de nossos tempos. (FÉRES-CARNEIRO, Terezinha. Família e casal.)

O casal deverá, pois, avaliar o rumo que deseja tomar na educação de seus filhos. Para isso, faz-se necessário analisar o processo educacional que cada um vivenciou em sua família de origem e negociar, da forma menos passional possível, como lidar com os próprios filhos. Abandonar as conquistas dos nossos ancestrais em nome de uma modernidade é negar a própria cultura. Uma planta que se fragiliza nas raízes gastará um bom tempo para reabilitar-se. Pense nisso!

5. Educar X Domesticar – Os Castigos

Ainda hoje, nestes tempos que chamamos modernos, a ação educativa permanece, muitas vezes, dominada pelo conceito de provocar uma adaptação direta, e por isso violenta, da criança ao mundo dos adultos; adaptação que deseja uma submissão indiscutível e uma obediência cega (o que não é mais possível), porque os pais não têm mais tempo para explicar o porquê das ordens dadas para as crianças.

Diz Maria de Montessori:

> *Quase sempre o acordo educativo da família e da escola transforma-se numa aliança de fortes contra fracos – a fim de que aquela voz incerta e tímida jamais encontre eco no mundo – e o menino que procura ser ouvido e é ferido no coração pela injustiça cai, quase sempre, na obscuridade pavorosa da submissão.*

Ou, então, poderíamos completar: praticamos a educação do '*laissez-faire*', a permissividade sem limites e sem freios. Parecem um tanto dramáticas as observações acima, mas são procedentes, no momento em que os pais não dialogam sobre as necessidades emocionais do próprio filho. Precisamos educar com carinho e amor, sem nos esquecermos, no entanto, de corrigir, disciplinar e conferir responsabilidades.

> Os atos dos adultos falam muito mais do que mil palavras. Os discursos vazios, as 'ladainhas' intermináveis de nada adiantam. O que a criança absorve é o estado emocional que está por trás da fala e que o adulto tenta ocultar.
>
> (...) As surras são também meios inadequados de comunicar-se com a criança. Ainda que o adulto dê explicações, o sentimento que predominará na criança que foi surrada é o de humilhação. O que as crianças aprendem com as surras e os castigos físicos é que o adulto detém poderes sobre ela e, detentores do poder, fazem a justiça a seu modo. Isso não as impede de se tornarem pessoas rancorosas e muitas vezes, tristes.[75]

Quando a criança comete algum erro, ela precisa do adulto para corrigi-la, e os pais devem fazer isso, mostrando-lhe o resultado do seu erro. O problema é que, "na maioria dos casos, o adulto manifesta uma raiva excessiva e o castigo não é proporcional à falta. Os pais estão frustrados por outros problemas e descarregam na criança os seus conflitos."

Existe, ainda, um castigo pior: A INDIFERENÇA. Quando os pais não se importam com as ações da criança, não estabelecem limites, não as corrigem, quando necessário, ela crescerá extremamente carente e agressiva. (Veja a experiência do dr. Lavine com os ratos relatada no capítulo anterior.)

O castigo pode ser a privação de uma recompensa. Muitas vezes, na escola, colocamos a criança sentada na hora do recreio para que ela repense a sua atitude. Para mostrar que uma atitude da criança não é adequada, não é preciso gritar, aplicar-lhe nomes pejorativos ou agredi-la fisicamente. Em casa pode ser tomada a mesma providência. Pestalozzi recomendava que, antes de censurar qualquer atitude da criança, o adulto a abraçasse, envolvendo-a com muito carinho para, em seguida, esclarecer sobre o resultado negativo de sua ação. Isso porque, segundo ele (e nós concordamos inteiramente), o erro é resultado da ignorância, e ninguém deve ser punido, porque ainda não sabe o certo.

---

[75] SOUZA, Dalva. *Os caminhos do amor.*

6. A Mãe que Diz 'Sim' e o Pai que Diz 'Não', ou Vice-versa

Sabemos que a saúde emocional da criança é determinada pelo seu relacionamento íntimo com os que a cercam. É, pois, de extrema necessidade que os pais discutam seus ideais e expectativas com relação à conduta de seus filhos, em particular, e cheguem a um consenso antes de dar alguma ordem ou regra a ser seguida pela criança. Não existe nada mais difícil para a criança entender do que o pai lhe dar uma ordem e a mãe ser contra ou vice-versa. E, o que será ainda pior, acontecer uma discussão entre eles na presença da criança por essa razão.

Não bastando esse desgoverno, muitos pais completam esses momentos difíceis com frases do tipo: "seu pai não sabe nada de você" ou "sua mãe só serve para deseducá-lo, passando a mão na sua cabeça".

Os pais devem ter bem definida a filosofia educacional que adotarão e, para isso, faz-se necessário muito diálogo. É importantíssimo definir quais são os valores a serem cultivados na existência, estabelecer as metas a serem atingidas, tendo em vista os objetivos que os dois, depois de muito diálogo, concluíram que serão bons para os filhos.

Como proceder diante de cada questão vivenciada no dia a dia? Por exemplo: seu filho quer comer um chocolate antes do almoço, você não quer deixar e o seu marido diz: "deixa, só desta vez..." Ou, então, a criança está fazendo manha para conseguir o que quer e o pai lhe dá uma palmada e você diz: "Coitadinho!", ou, ainda, o filho quer ir à casa do amigo, seu marido acha que não é hora, mas você concorda com a criança e vocês começam a brigar por causa disso... Tudo muito inadequado!

Por serem pessoas bem diferentes, provindas de criações diferentes, é natural que os pais tenham pontos de vista divergentes, no entanto, o diálogo permitirá criar um clima de respeito e solidariedade. *Se os pais não se tornarem cúmplices no ato de educar, fica comprometida a formação dos filhos que amam tanto.*

É possível negociar sobre como os dois deverão proceder diante dos desafios que a criança impõe, não abrindo mão do combinado. O acordo vai por água abaixo, se um dos dois diz: "deixa só hoje, coitadinho..."

Se, em algum momento, as regras precisarem ser quebradas, é preciso esclarecer bem: "Você sabe, filho, que a mamãe e o papai não permitem a você comer o chocolate antes do almoço, porque atrapalha seu apetite e isso prejudica também a sua saúde, mas, hoje, como iremos almoçar muito mais tarde porque...." (dar sempre uma boa razão para que as regras sejam quebradas). Se a criança manifesta agressividade, com gritos e pontapés, nunca se deve atender a sua exigência. Se todas as vezes que a criança chorar, perder fôlego, fizer a famosa 'birra', os pais cederem, ela terá dificuldade para aceitar um 'não'.

Certo dia, em um restaurante, uma criança de, aproximadamente, três anos, chorava aos gritos, porque sua mãe sentou-se em uma cadeira, e ela, não se sabe a razão, não queria que a mãe sentasse ali. A mãe tentou ignorar o escândalo, parecia sentir-se muito envergonhada. Por fim, levantou-se do lugar, deu umas palmadas na criança (que depois disso se calou) e cedeu à vontade da filha, trocando de lugar com ela. Isso não é adequado, mas, naquele momento, qualquer atitude da mãe talvez não resultasse em um bom desfecho, uma vez que sua filha, pelo que se pode observar, já estava acostumada a ganhar as coisas no grito. Se, na primeira manifestação desse tipo que a criança apresentasse ao ser contrariada, ela não tivesse sido atendida, provavelmente, não a repetiria. A criança não é dissimulada, ela se comporta na rua, como faz em sua casa. Não adianta querer mostrar uma face na rua e outra em casa. O desenvolvimento de bons hábitos se inicia, sempre, dentro do lar.

7. Os Pais e Suas Limitações

Joana era uma jovem mãe que se preocupava com a possibilidade de seus filhos descobrirem que tinha muito medo de alguns brinquedos dos parques de diversões. Sempre que um deles a chamava para entrar em uma roda-gigante ou roda-mexicana, ela respondia que estava com dores de cabeça. Um dia um deles lhe perguntou: "Mamãe, você tem medo de roda-gigante, não tem?"

Como estava acostumada a falar sempre a verdade, engasgou para responder, e ele completou: "Pode dizer a verdade, mamãe, eu não vou ter medo por causa disso."

Joana percebeu, com alegria, a maturidade do seu filho e contou-lhe, então, que, quando era criança, no parque em que se divertia, acabou a luz exatamente quando ela se encontrava lá em cima da roda-gigante e, por causa desse trauma, nunca mais conseguira participar dos brinquedos que se movimentavam fora do chão.

Há pessoas que têm medo de viajar de avião, de dormir no escuro, de viajar à noite, de cidade grande, de elevadores e de tantas outras coisas, que seria difícil relatar aqui. O importante é revelar a verdade para a criança.

Quando Carlinhos era pequeno, tinha medo de dormir sozinho. Uma noite, sua mãe lhe revelou que ela também era medrosa e fizeram um trato: "Vamos ver quem de nós dois se torna mais corajoso primeiro?" Elaboraram, juntos, uma tabela para marcar quantas noites foram capazes de dormir na hora certa, sem sentir medo.

Diz Ginott que o importante é a criança entender que os seus sentimentos não são problemas, a forma de enfrentá-los é que pode se tornar um problema. (GOLLEMAN. *Inteligência emocional.*) Devemos, sempre, mostrar aos nossos filhos a coragem de enfrentar qualquer problema.

8. A CULTURA DOS RÓTULOS

Todos nós recebemos 'rótulos' na nossa infância. Sem perceber, os pais nos rotulam dizendo: "Esse menino é nervoso como o pai" ou é "chorão como a mãe". A criança acredita no que dizemos dela e, por isso, é muito importante usarmos 'rótulos' positivos, tais como: "Esse menino é trabalhador e honesto como o pai, ele não gosta de falar mentira". Ou "Essa menina é organizada como a mãe". Claro que as comparações têm que ser verdadeiras. Não adianta dizer que a menina é organizada como a mãe, se a casa se revela uma bagunça. Ela irá crescer com definições erradas sobre as palavras. É preciso destacar as qualidades dos progenitores quando realmente eles as tenham.

Nunca, mas nunca mesmo, usar os rótulos depreciativos. A criança vai acreditar e só na vida adulta tomará consciência do mal que fez a si mesma, acreditando-se portadora dos defeitos de seus pais. É extremamente difícil livrar-se desses rótulos, porque tentamos corresponder à imagem que os pais fazem de nós.

9. PAIS SEPARADOS

Os filhos amam os pais, mesmo estando separados. Os momentos que antecedem a separação é que devem ser vivenciados com mais respeito aos filhos. Imagine como fica a criança que ouve frases como essas:

- Meu filho precisa saber o pai que ele tem para nunca ser igual.
- Depois do que ele me fez não merece sair com o filho.
- É um cara egoísta não consegue enxergar além do próprio umbigo.
- Ela acabou com a minha vida e ainda quer ficar com a criança!
- Coitado! Ele não tem culpa de ter uma mãe assim!
- Sua família não ama ninguém, sao todos falsos.
- Você se parece com a megera da sua mãe.

São muitas as frases depreciativas que temos registrado nos momentos que antecedem a separação definitiva dos casais que nos procuram na escola. Diz Aldous Huxley: "Experiência não é o que acontece com você; é o que você faz com o que lhe acontece" (*The brave new world*).

Sabemos que não é nada fácil ter controle sobre a emoção nos momentos de sofrimento, mas procure lembrar-se de que seu filho precisa tanto do pai quanto da mãe.

É preciso conscientizar-se de que não existe 'um culpado,' quando a vida em família se torna insuportável. A culpa é da imperfeição moral que ainda caracteriza o ser humano, no nível evolutivo em que nos encontramos.

Não deixe que as mágoas se acumulem e não permita, de forma alguma, que seu lar se transforme em um campo de batalha. Ao perceber que a sua relação está doente, procure um terapeuta especialista dessa área. Se não tiver condição financeira para isso, busque instituições que oferecem esse tipo de ajuda gratuitamente (muitos grupos religiosos também oferecem esse atendimento). Vale a pena curar o seu relacionamento afetivo para que seu filho se beneficie de um ambiente sadio no lar.

Todos nós precisamos de ajuda para aprendermos a amar. Dando uma rápida olhada nas conquistas da humanidade ao longo da história, percebemos que já perdemos muito tempo, apegados a valores que nos trouxeram muita dor. É urgente que vençamos o egoísmo e o orgulho que têm caracterizado nossas atitudes, fixando-nos em nossos "arraigados pontos de vista".

Não podemos sentir vergonha de pedir ajuda, mas sim de continuarmos 'dissimulados', querendo vender uma aparência de felicidade, mesmo enquanto estamos tão atormentados em nosso íntimo.

SÓ AGRIDE QUEM NÃO ESTÁ FELIZ. Se temos a condição de conquistar a felicidade, por que não fazê-lo?

Conta-nos Roberto Shiniashiky, no seu livro *O sucesso é ser feliz*, que:

> (...) um boia-fria, todos os dias, antes de comer o seu lanche, ao abri-lo, exclamava: "Sanduíche de atum? Detesto sanduíche de atum!" Um dia, de tanto o seu amigo ouvir essa frase, interpelou-o: "Meu amigo, por que não pede a sua esposa que lhe prepare um sanduíche diferente?" E ele lhe respondeu: "Eu não tenho esposa, quem prepara os sanduíches sou eu".

Essa é a nossa história. Nós também detestamos sofrer! No entanto, as escolhas que fazemos na vida resultam em sofrimento. Queremos que nossos filhos sejam felizes, mas não enfrentamos, com coragem, a mudança em nosso próprio psiquismo (que é exatamente onde se encontra a causa de tantos equívocos), a fim de exemplificar uma forma madura de enfrentar os desafios da vida.

Ouvindo uma palestra sobre "Novos Paradigmas", selecionamos a seguinte história:

> Um homem vinha dirigindo o seu carro com velocidade, quando entrou em uma curva próxima a um povoado. De repente, surgiu um carro do lado contrário, meio desgovernado, que, quando passou por ele, a motorista gritou: Porcooo! Imediatamente o homem, indignado, respondeu: Vaaaca! Alguns metros à frente, contudo, atropelou um grande porco que passeava tranquilamente na estrada!

Vivemos os acontecimentos da vida com os padrões (paradigmas) antigos. O homem da história logo pensou que o outro o agredia verbalmente, no entanto sua fala era, na verdade, uma advertência para preveni-lo de um perigo iminente.

Assim, os acontecimentos da vida são sempre ensejo de aprendizado e crescimento. É necessário, no entanto, abrir a mente e usar o raciocínio, porque as "coisas nunca são exatamente como parecem ser". Medite sobre isso. Não julgue os atos do seu companheiro(a) antes de compreender muito bem as razões que o(a) levaram a agir da forma que você não gostou. As diferenças individuais enriquecem a nossa vida. Nunca se esqueça disso!

O seu filho rebelde, sua esposa ou esposo que não o compreende são desafios para o seu crescimento. Não julgue, desarme-se. Escute o que o outro tem a dizer e aprenda com ele.

> Perguntou um discípulo ao seu guru: "Não vivemos no mesmo mundo objetivo?" "Sim", respondeu o Mestre, "mas você se vê no mundo e eu vejo o mundo em mim". (Chopra, Deepak. *Corpo sem idade, mente sem fronteiras)*

10. O Bom Relacionamento no Lar e a Boa Saúde

Este texto nós transcrevemos do "Jornal da Família" de *O Globo* (7/3/99), reportagem de Márcia Cezimbra - "Amor e Longevidade":

> (...) O americano Dean Ornish, professor de medicina da Universidade da Califórnia e médico do presidente americano Bill Clinton, constatou em diversas pesquisas que o amor - leia-se afetividade saudável entre mãe, filhos, amigos ou marido e mulher - previne contra o câncer, a obesidade, a depressão, as doenças infecciosas e as cardiopatias. A maioria dos que não amam adoece cedo e tem morte prematura... O mérito de Ornish é comprovar cientificamente, de maneira clara e irrefutável, o poder curativo do amor (...).
>
> (...) Os resultados das pesquisas impressionam. A Escola de Medicina Johns Hopkins, por exemplo, entrevistou 1.100 estudantes de medicina na década de 40 sobre a proximidade com os pais. Meio século depois, os que tinham bom relacionamento com os pais estavam em boas condições de saúde, enquanto que tumores malignos e problemas mentais foram registrados entre os que não haviam tido relacionamento afetivo saudável na infância (...).
>
> Um estudo sobre o estresse em Harvard alcançou resultado semelhante. Em 1950, 126 formandos foram entrevistados sobre o relacio-

namento com os pais. Depois de 35 anos, constatou-se que 91% dos que não mantinham bom relacionamento eram portadores de doenças graves na meia-idade (coronariopatias, úlcera duodenal e alcoolismo) e 100% tiveram algum tipo de doença. Entre os que tiveram relacionamento íntimo e caloroso com os pais, só 47% tiveram algum tipo de doença na meia-idade, a maioria sem gravidade.

"O amor promove a sobrevivência. Dar e receber carinho é uma maneira positiva de viver" - diz o autor.

Analisemos a importância dessas pesquisas. Claro que não podemos afirmar que todas as pessoas obesas ou portadoras de câncer foram mal-amadas na infância (como esclarece bem o artigo acima), mas podemos afirmar que o afeto e a atenção recebidos na primeira infância constituem um grande diferencial na vida adulta, especialmente na saúde emocional que se reflete na organização física.

11. O Mundo Maravilhoso da Leitura

Atividades com livros de histórias:

Não existe nenhuma só pessoa que não goste de contar e ouvir histórias. Todos precisamos exercitar a fantasia e a imaginação, especialmente a criança. É um exercício muito bom para a inteligência, porque exige atenção e acompanhamento do enredo, além de memória e criatividade.

Por meio de histórias e contos, os pais podem sugerir ao inconsciente da criança as virtudes que precisam ser conquistadas. Isto não quer dizer que devemos usar das histórias para dar lições morais aos filhos.

As histórias podem ser lidas ou contadas oralmente. Podem ser histórias que já existem ou inventadas. Podem, também, ser histórias com finais modificados ou histórias misturadas.

11.1. Histórias Lidas

Existem várias formas de tornar o livro mais interessante para a criança.

1ª Opção: Ir explorando o livro desde a capa, página a página.

Exemplo:

1. Meu filho, veja o livro que comprei para você, vamos lê-lo? (A criança ainda não sabe ler as letras, mas tem imaginação e lê conforme as gravuras.)

2. Olhe bem a capa do livro, sobre o que será esta história?
3. Examine os desenhos da capa, o que vemos aqui? (Explorar bem todos os detalhes da capa, desenhos, cores etc., despertando bastante o interesse da criança sobre o conteúdo do livro.)
4. Vamos imaginar o que está acontecendo nessa história (O pai ou a mãe mostra cada folha do livro e monta com a criança uma história oral.)
5. Agora, bem aqui (mostrar o lugar) está escrito o nome do autor desta história e bem aqui está escrito o título que ele deu para a história. (Ler para a criança o nome do autor e o título de sua história.)
6. Vamos conferir se a história dele é muito diferente daquela que imaginamos?
7. E o final da história, você gostou?
8. Vamos imaginar um fim diferente?
9. Qual o personagem de que você mais gostou em toda a história? Por quê?
10. De que acontecimento você não gostou? A mamãe (o papai) não gostou do... E você? Por quê?
11. Que outro título poderíamos dar para essa mesma história?
12. Vamos continuar a história? O que poderia acontecer depois?
13. Ajude a criança a pensar com criatividade, fazendo pergunta do tipo "imagine que...", "o que aconteceria se..."

2ª Opção: Ler o livro com forte dramaticidade e fazer as mesmas perguntas sobre os personagens, final da história etc. Nunca deixar de mencionar o título do livro e o seu autor.

11.2. Histórias Inventadas

1. A *invenção* de histórias com a participação dos filhos desenvolve a criatividade. Provoque a imaginação da criança.

Era uma vez...
Um certo dia...
Havia uma cidade...
Conheci um palácio...
Naqueles tempos em que os animais falavam...
Existia no céu...
Naquele reino...

Um homem muito esquisito construiu...
No dia das bruxas...
Antes de você nascer...
No mundo dos sonhos...
No jardim das letras...
Na horta de...

2. O *desenho* da história inventada. Peça à criança que ilustre a história que criou.

11.3. Histórias inventadas a partir de uma figura

Com filhos pequenos, podemos criar vários jogos sobre invenções de histórias. Um deles consiste em cada um recortar várias figuras e colocar frente ao outro para que seja montada uma história, usando todas as figuras, com principio meio e fim (no máximo quatro figuras). Por exemplo: um sapato, uma bola, um menino e uma casa. Diante desse desafio, certa vez, Ângela (quatro anos) montou a seguinte história:

- Conheci um menino que se chamava Crivo (riu muito ao dar esse nome) que usava sempre um sapato bem maior do que seus pés, porque gostava de carregar, nos sapatos, alguns bichinhos para assustar as pessoas. Um dia, quando foi jogar bola com seus amigos, os bichinhos saíram dos seus sapatos e foram para a casa da vizinha. Eram lagartixas, baratas e ratos. A vizinha ficou muito brava.

Quando perguntamos: "E depois?", Ângela completou:

- Depois? O menino saiu correndo para casa e fez xixi de tanto rir - respondeu Ângela -, morrendo de rir.

Insistimos: - E depois?

- Bem, acho que ele ficou triste, porque a vizinha contou para a mãe dele.

Aproveitando a história, completamos:

- Acho que os bichinhos eram encantados: as lagartixas foram limpar as paredes, as baratas foram espantar os escorpiões que eram bichos malvados e os ratinhos foram ajudar os gatos a plantar moranguinhos na horta.

Perguntamos:

- E você, Junior (6 anos), gostou da história?

- Mais ou menos - respondeu ele.

- Por que mais ou menos?

– Porque esse menino devia ser muito *porco* para carregar esses bichos nojentos nos sapatos – respondeu-nos, indignado.

Todos nós, até a Cris (2 anos), rimos muito e fomos nos preparar para dormir.

11.4. Histórias com finais modificados

É uma técnica incrível, as crianças adoram! Elegemos uma história qualquer e vamos imaginando finais diferentes para ela. Por exemplo: a história da d. Baratinha. Ao invés do d. Ratão cair na panela de feijão, ele casou-se, realmente, com a d. Baratinha e teve vários filhinhos: uns tinham corpo de barata e cara de rato e outros com corpo de rato e cara de barata. Levar as crianças a desenharem os finais modificados. As crianças devem ajudar o professor ou os pais a montarem um novo final para a história. Podemos utilizar todas as histórias conhecidas.

11.5. Histórias Misturadas

Consiste em misturar as histórias. Contar uma história conhecida e colocar uma ou mais personagens de outra história, também conhecida, ou mesmo misturar os enredos. Por exemplo: na história da Bela Adormecida, quando o príncipe foi acordá-la, passou antes pela casa dos 7 anões e eles o ajudaram a achar o castelo onde todo mundo dormia pelo encantamento da bruxa.

Essa técnica é muito interessante (a partir de 5 anos), mas só deve ser utilizada depois que a história original for bem conhecida pela criança. Na faixa etária de um a quatro anos, as crianças adoram ouvir as mesmas histórias muitas vezes.

12. Homossexualidade

Entre as explicações mais antigas para se justificar a homossexualidade, destaca-se a de Platão, há quase 2400 anos, em seu *Symposium*. O filósofo grego considerava que a humanidade era composta por seres vigorosos e de natureza dupla, sendo alguns duplamente homem, outros duplamente mulher e, outros ainda, tanto homem quanto mulher. Por um castigo divino, esses seres teriam sido separados e, a partir daquele momento, teriam se envolvido na busca de sua outra metade perdida.

Em todas as pesquisas que realizamos, percebemos que, na maior parte da literatura encontrada, os posicionamentos têm sido radicais. Uns tendentes a um liberalismo exagerado, estimulando as condutas e acreditando que a homossexualidade seria uma opção, ou mesmo uma categoria sexual; outros opostamente colocados, postulam-no como uma doença e defeito moral grave, exigindo uma atitude de total abstinência e retraimento na vida de relação, e ainda outros se acercam do tema de forma leviana, sem valorizar a situação daquele que vive a problemática.

Homossexualidade é a condiçao do indivíduo cuja preferência sexual (tanto afetiva quanto genital) está voltada para parceiros do mesmo sexo, sendo que essa preferência pode ser exclusiva ou predominantemente homossexual. Alguns estudiosos tentam diferenciar a homossexualidade do homossexualismo, entendendo a primeira como a simples atração sexual, enquanto o segundo seria a vivência da prática homossexual.

O termo homossexualidade parece-nos mais adequado que homossexualismo. Homossexualidade (grego '*homos*' = 'igual' + latim '*sexus*' = 'sexo') refere-se ao atributo, característica ou qualidade de um ser — *humano ou não* — que sente atração física, emocional e estética por outro ser do mesmo sexo. Formar a palavra com o sufixo '*ismo*' vai dar a ela uma conotação ligada a conjunto de crenças ou a patologia. Por isso, o sufixo '*dade*' se apresenta como mais adequado, pois que tem o sentido de comportamento.

Em abril de 1974, a Associação Americana de Psiquiatria estabeleceu que a homossexualidade *'per se'* não seria mais considerada uma perturbação mental, criando uma nova categoria de "distúrbios de orientação sexual", incluindo a homossexualidade como distúrbio apenas nos casos de distonia do ego. Assim sendo, somente o homossexual que se sinta em conflito com sua identidade anatômica e psíquica deve ser alvo de atendimento ou assistência psicológica.

Os melhores dados sobre uma estatística da presença de homossexuais e bissexuais, em uma população, continuam sendo os de Kinsey,[76] realizado nos Estados Unidos, relatando que 4% dos adultos homens eram exclusivamente homossexuais, durante toda a vida, e 13% foram-no pelo menos durante três anos seguidos, entre as idades de 16 e 55 anos. Mostraram também que, de cada três homens, mais de um teve experiências de interação sexual, seguido de orgasmo, com parceiros do mesmo sexo, durante os anos pós-púberes. A proporção para mulheres, no mesmo relatório, foi aproximadamente a metade da atribuída aos homens.

Tentando responder à questão se a homossexualidade seria uma opção ou característica biológica, neurocientistas coordenados por

[76] Alfred Charles Kinsey (Hoboken, 23 de junho de 1894 — Bloomington, 25 de agosto de 1956) foi um entomologista e zoólogo norte-americano. Em 1947, na Universidade de Indiana, fundou o Instituto de Pesquisa sobre Sexo, hoje chamado de Instituto Kinsey para Pesquisa sobre Sexo, Gênero e Reprodução. Suas pesquisas sobre a sexualidade humana influenciaram profundamente os valores sociais e culturais dos Estados Unidos, principalmente na década de 1960, com o início da chamada "revolução sexual". Ainda hoje, suas obras são consideradas fundamentais para o entendimento da diversidade sexual humana. Entretanto, muitos dos dados, teses e resultados apresentados por Kinsey têm sido recentemente questionados e desmentidos por outros estudiosos. (Pesquisa Wikpédia, 10/04/2008.)

Ivanka Savic - Instituto Karolinska (Suécia), em pesquisas realizadas, concluíram que a forma e o tamanho do cérebro variam de acordo com a orientação sexual, sugerindo, assim, uma base biológica para o comportamento homossexual. Mas observamos que os impulsos e tendências do indivíduo se enraízam em estruturas profundas do psiquismo, são processos inconscientes e acreditamos que não se pode pensar que a matéria do corpo físico, pelo seu bioquimismo, possa originar as forças do inconsciente que possuímos. O inconsciente detém as experiências do espírito imortal. Sendo a função consciente menor e mais reduzida que os campos do inconsciente, jamais poderíamos concluir que o menor contivesse o maior e lhe desse origem.

Segundo Sigmund Freud, a homossexualidade se apresenta como uma repressão do desenvolvimento psicossexual: o resultado de uma má resolução do complexo de Édipo, quando o indivíduo se identifica com a figura materna, dando vazão ao seu componente feminino, buscando sua realização sexual com um parceiro do mesmo sexo. Freud identifica, também, fatores traumáticos vinculados ao temor da castração como elementos importantes no surgimento da homossexualidade

No caso da homossexualidade masculina, ela resultaria de vivências com uma mãe sufocante e sedutora e de um pai passivo, hostil, isolado ou ausente. No caso feminino, ele não conseguira padrões familiares bem definidos. Diversos estudiosos relacionaram uma lista de situações do início de vida, as quais poderiam resultar no surgimento da homossexualidade masculina, ou sejam:

- forte fixação na mãe;
- falta de cuidados paternos efetivos;
- inibição do desenvolvimento masculino pela mãe;
- fixação ou regressão ao estágio narcísico do desenvolvimento e perdas na competição com os irmãos e irmãs.

No caso da homossexualidade feminina, os pais são vistos como criaturas muito sedutoras, com uma vinculação importante com a filha. As pesquisas não demonstraram posicionamento materno diferente daquele apresentado por mães de heterossexuais. No momento atual das pesquisas genéticas, é muito cedo para afirmar ou negar o componente hereditário para a homossexualidade, o chamado popularmente 'gene *gay*'. Na realidade, os estudos são inexpressivos e há uma tendência dos defensores de uma postura liberalizante da homossexualidade para enfatizar esses resultados.

Os aspectos comportamentais de homens e mulheres homossexuais são tão variados como os dos heterossexuais. São encontrados casais homossexuais com relacionamentos monogâmicos de longa duração e outros de contatos passageiros, sendo que, conforme as pesquisas, os casais femininos são mais estáveis.

No nosso estudo, nenhuma hipótese pode ser descartada e é muito esclarecedor o ponto de vista espírita sobre o tema. Nas obras básicas da doutrina espírita, não há referência à homossexualidade, mas, na *Revista Espírita* de janeiro de 1866, encontramos o seguinte texto de Allan Kardec:

> As almas ou Espíritos não têm sexo. Os sexos não existem senão no organismo; são necessários à reprodução dos seres materiais; mas os Espíritos, sendo a criação de Deus, não se reproduzem uns pelos outros, é por isto que os sexos seriam inúteis no mundo espiritual. (...) Mudando de sexo, poderá, pois, sob essa impressão e em sua nova encarnação, conservar os gostos, as tendências e o caráter inerentes ao sexo que acaba de deixar.

Do ponto de vista do espiritismo, pois, a causa profunda da homossexualidade está no fato de que o espírito é uma individualidade que pode encarnar como homem ou como mulher. De uma encarnação para a outra, é possível, por fatores que não dá para especificar aqui, que alguma fixação se mantenha e se evidencie na personalidade que essa individualidade constitui em outra encarnação.

Observemos o que nos traz André Luiz, reportando-se às considerações que um mentor espiritual faz sobre o assunto:

> Na Crosta Planetária os temas sexuais são levados em conta, na base dos sinais físicos que diferenciam o homem da mulher e vice-versa; no entanto, ponderou que isso não define a realidade integral, porquanto, regendo esses marcos, permanece um Espírito imortal, com idade às vezes

> multimilenária, encerrando consigo a soma de experiências complexas, o que obriga a própria Ciência terrena a proclamar, presentemente, que masculinidade e feminilidade totais são inexistentes na personalidade humana, do ponto de vista psicológico. Homens e mulheres, em Espírito, apresentam certa percentagem mais ou menos elevada de características viris e femininas em cada indivíduo, o que não assegura possibilidade de comportamento íntimo normal para todos, segundo a conceituação de normalidade que a maioria dos homens estabelece para o meio social.[77]

Ainda do ponto de vista doutrinário, classificam-se as causas da homossexualidade em:

- Causas morais;
- Causas educacionais;
- Causas obsessivas;
- Causas psiquiátricas.

Como causas morais, poderíamos dizer que seriam aquelas criaturas que abusaram das faculdades genésicas, tanto na posição masculina quanto feminina, arruinando a vida de outras pessoas, destruindo uniões e lares diversos, as quais são induzidas a buscarem nova posição em corpos físicos opostos às suas estruturas psicológicas, ao reencarnarem, para aprenderem, em regime de prisão, a reajustarem seus próprios sentimentos. Encontraríamos, também, aqueles outros que persistem nessas práticas por uma busca hedonista, sem maior compromisso com a vida, que assim reencarnaram na tentativa de retratarem suas posições, em nova oportunidade de resgate.

As causas educacionais poderiam ser agrupadas em atávicas e ambientais. A atávica é resultante de vivências repetitivas dos espíritos em culturas e comunidades onde a prática homossexual seria aceita e até estimulada, como na Grécia antiga e em tribos indígenas, nos diversos continentes ou nas sociedades culturais e religiosas que segregavam ou segregam seus membros, facilitando nas criaturas esse comportamento.

[77] XAVIER, Francisco Cândido; VIEIRA, Waldo. *Sexo e destino*. Pelo Espírito André Luiz. 5ª ed. Rio de Janeiro: FEB, 1963.

Dentro das ambientais, teríamos aquelas frutos dos defeitos de educação nos lares, onde o comprometimento dos afetos já estaria anteriormente presente, nas quais as paixões deterioradas do passado tenderiam a levar pais e parentes ascendentes a estimularem posturas psicológicas e sexuais inversas ao seu estado físico em seus descendentes, sem que necessariamente ocorressem comportamentos ostensivamente incestuosos.

É o espírito - individualidade imortal - que molda seu corpo físico em cada encarnação. As experiências vividas pela individualidade ficam fixadas no corpo energético que não morre e acompanha a alma em sua caminhada evolutiva. Esse corpo energético, que Allan Kardec denominou 'perispírito', liga-se à célula-ovo que se forma pela união do espermatozóide com o óvulo, no ventre materno, desde a concepção, transferindo a este organismo que se forma as características peculiares a esse ser em particular. Gostos, tendências, impulsos inatos, vocação, tudo isso provém da memória profunda enraizada no perispírito. Por motivos variados, fixações de vidas passadas podem emergir, provocadas por estímulos que estão presentes no processo de imersão a uma cultura, a um contexto específico em que é preciso considerar também a intervenção dos adultos que recebem esse ser e influenciarão na formação da personalidade do indivíduo na sua infância. As manifestações comportamentais do indivíduo, inclusive a homossexualidade, encontram sua explicação nesse mecanismo.

Na escola, tivemos um caso de um aluno de cinco anos que fazia balé com a sua mãe, porque o seu pai, um juiz de futebol, estava sempre viajando e nunca esteve presente em sua vida. Quando alertamos os pais sobre o comportamento da criança, o pai respondeu jocosamente que não se importaria se o seu filho fosse *gay*. Achamos louvável o seu posicionamento de aceitação, mas, na ocasião, dissemos-lhe que, como a criança tinha nascido com os órgãos genitais masculinos sadios, talvez fosse importante dar-lhe também a oportunidade para que ele desejasse ser homem. A presença paterna é muito importante para a criança, seja do sexo masculino ou feminino. A presença dominadora da mãe, com um só filho, precisa ser observada.

Encontraríamos, também, os casos de pais contrariados em seus desejos quanto ao sexo do rebento, levando-o a uma condição inversa a do seu sexo biológico ou, ainda, aqueles nos quais a entidade reencarnante, ao perceber esse desejo inconsciente dos pais, durante o processo da gestação, buscaria patologicamente adaptar-se a essa situação.

Podemos citar, ainda, os casos de obsessões que têm raízes em vidas pregressas. Por exemplo, espíritos que, em vidas anteriores, tiveram responsabilidade pelo desvio de pessoas em vivências sexuais pervertidas que resultaram em muito sofrimento para as suas vitimas, criando dentro do próprio psiquismo matrizes de reajuste e necessidade de passar por dores semelhantes de rejeição e desajuste.

O processo obsessivo não precisa, necessariamente, ter sua origem numa encarnação anterior. Ocorre que, nos casos de uma obsessão atual, os parceiros da vivência patológica participam de opções de vida viciosas, em que, geralmente, o encarnado invigilante busca posições mentais sexualmente pervertidas ou locais nos quais esses comportamentos são socialmente aceitos, viciando-se a essas práticas.

No campo da psicopatologia, encontramos, ainda, os transtornos psicopáticos, nos quais as criaturas posicionam-se numa condição de amoralidade e imoralidade, optando por uma vida de prazeres sem limites, não se constrangendo por nenhum motivo, na busca do hedonismo, estimulando em si e nas criaturas psiquicamente influenciáveis a homossexualidade.

Já atendemos casos em que os processos, frutos de vivências traumáticas na infância, quando a criança seduzida sexualmente por um dos seus ascendentes familiares, viu-se condicionada por ele a um comportamento sexual invertido (por exemplo: um pai que abusa sexualmente do filho); ou quando o jogo de sedução e perversão realizado por parentes de sexos opostos provoca uma situação de ódio intenso, levando a criança ou o jovem a fazer uma opção homossexual, como forma de rejeitar aquela vivência.

Por tudo isso que relatamos, deduzimos que é preciso que cada caso seja analisado detidamente para que a construção do amor alcance todos os corações. Acreditamos que o destino dos homens é a felicidade, por isso não se pode fugir a nenhum debate e tampouco excluir qualquer hipótese por mais estranha que nos pareça.

Como educadoras, achamos importante que se possa perceber o homossexual como um ser fragilizado, vítima de muitos preconceitos, e não como uma criatura má, sem escrúpulos, que contamina a sociedade como epidemia grave e fatal. É importante lembrar, ainda, que, no campo da sexualidade, a imensa maioria da humanidade precisa rever muitos conceitos sobre o comportamento ideal. Compreender que, antes de tudo, a questão dos desvarios da sexualidade não parte somente da escolha do parceiro sexual, mas da postura íntima da criatura, que vê no sexo simples mecanismo de prazer e no outro o meio para alcançar esse fim.

Sabemos que o ato sexual realiza poderosa troca energética e, quando feito com amor, transforma-se em um importante aliado do crescimento da criatura humana. O relacionamento sexual não pode prescindir do mais puro sentimento para que a troca energética seja benéfica a ambos os parceiros.

Imaginamos quantos benefícios uma corda pode nos trazer, quando necessitamos desse tipo de objeto nas tarefas do dia a dia, no entanto, se utilizamos esse mesmo objeto para enforcar alguém, cometemos um crime, uma maldade. A ferramenta não pode ser responsabilizada pelo mal desencadeado.

Assim, podemos concluir que a sexualidade exercida com respeito e muito carinho eleva as criaturas, enquanto que, se for o contrário, traz perturbações e doenças físicas e emocionais, seja a criatura homossexual, heterosexual ou bissexual. As instituições religiosas podem acolher o indivíduo, ajudando-o a desenvolver os valores espirituais para superar as limitações e obstáculos que a matéria impõe, e precisam atuar no sentido de incentivar a superação dos preconceitos de qualquer natureza.

Não devemos confundir as atividades sexuais ligadas diretamente aos órgãos sexuais com as energias sexuais que carregamos intimamente; há duas potencialidades da alma: PSI-Y - potência masculina; PSI-X - potência Feminina. Todos os seres humanos possuem as duas forças, embora uma seja preponderante. Estudando o espiritismo, conscientizamo-nos de que, enquanto não houver equilíbrio e respectiva construção dessas forças, a necessidade reencarnatória se impõe e, muitas vezes, o sofrimento é o recurso didático da vida para nos encaminhar ao aprendizado necessário.

Os estudos espíritas nos alertam quanto à tendência que existe no meio religioso de se recomendar a repressão de impulsos, afirmando que abstenção imposta gera desequilíbrio e que é a educação aliada ao controle e à responsabilidade que poderá levar ao emprego respeitável e nobre das forças sexuais, pois a vida é ordem e harmonia, e viver em desarmonia é semear o caos. A energia sexual é como a água que tanto está no charco, como nas fontes cristalinas. Nossa ação faz com que essa energia seja uma ou outra coisa em nós mesmos. Como afirma Jorge Andréa, conhecido psiquiatra espírita:

> As grandes realizações estão sedimentadas na responsabilidade do amor-equilíbrio (...) na ausência do amor, nas baixezas da libertinagem, encontram-se os móveis de destruição e a decadência dos povos.[78]

[78] Andréa, Jorge. Forças Sexuais da Alma. 10ª Ed. Rio de Janeiro: FEB, 2007.

Quarta Unidade

A Importância dos Fundamentos Espíritas na Educação infantil

1. Falar de Deus

"Um certo dia, fomos surpreendidas por um amigo de infância que precisava de um atendimento urgente. Alberto, um senhor de 65 anos, procurava-nos para que pudéssemos ensiná-lo a orar. Era um empresário bem sucedido, mas que, com a crise econômica, havia decretado falência em sua empresa. Disse-nos que nunca havia precisado de Deus em sua vida, mas que, naquele momento, sentia uma necessidade enorme de consolo. Estava desesperado! Percebemos o quando é importante consolidar a certeza da existência de Deus ainda na infância."

"Deus é a inteligência suprema, causa primeira de todas as coisas", disseram os espíritos a Allan Kardec. Essa informação é a resposta à primeira questão de *O livro dos espíritos* e sobre ela está fundamentada toda a filosofia espírita. A prova da existência de Deus pode ser encontrada no axioma científico de que "não há efeito sem causa", assim, é só procurar a causa de tudo o que não é obra do homem e haverá um vislumbre da presença de Deus.

Ao longo dos tempos, criou-se uma ideia de Deus à semelhança do homem e, por isso, acreditava-se que Ele pudesse ter um lugar para ficar, e surgiu a concepção do céu como Sua morada, mas Deus está em toda parte, Ele é onipresente. Temos dificuldade de entender isso, porque o cérebro físico limita as capacidades de percepção da alma. Precisaremos aprimorar nosso sentido psíquico, pelo desenvolvimento de nossas potencialidades espirituais, para que possamos compreender que, estando em toda parte, Deus está também dentro de nós, por isso Jesus afirmou: "O Reino dos Céus está dentro de vós".

Por sermos Seus filhos, temos gravadas em nossas consciências as Suas Leis. Por isso, em todos os tempos, o homem sempre manifestou a crença num poder superior. Muitos foram os sistemas imaginados para explicar a relação do Criador com suas criaturas e o Universo, o que resultou em muitas expressões do sentimento religioso que caracteriza o homem. Por ter a intuição de que três são os elementos gerais do Universo (Deus, o princípio material e o princípio espiritual), conforme nos ensina o espiritismo, persiste, na intimidade das criaturas, a crença em uma composição tríplice da divindade. O estudo espírita, contudo, ensina que Deus é único e uno, pois há uma só vontade soberana que a tudo rege.

Jesus não é Deus, é filho de Deus, assim como nós, e, por ter atingido a meta pela qual ainda temos que trabalhar, veio nos ensinar o caminho. Ao nos dizer que ele e o Pai são um, mostrou que, ao atingir a plenitude de ser, a criatura se identifica com o Criador, porque passa a compreender a magnitude de Suas leis e se torna, conscientemente, um instrumento de Sua vontade.

Falando à mulher samaritana, o Mestre ensinou que é preciso adorar o Pai em espírito e verdade, porque a verdadeira adoração está no coração e se reflete em nossas ações, sem necessidade de manifestar-se por formalismos exteriores. As religiões são formas de expressão do sentimento de adoração a Deus. As diferenças existentes entre as diversas formas de culto dizem respeito a formalidades criadas pelo próprio homem, porque, em sua essência, todas as crenças ensinam o amor como caminho para Deus.

Algumas pessoas pensam que, para demonstrar seu amor a Deus, é preciso fazer oferendas, organizar cerimônias complicadas, fazer promessas e cumprir penitências pelos seus pecados, mas Deus, estando em toda parte, está também dentro de nós e vê o que há no silêncio dos nossos pensamentos. A verdadeira religião está, pois, em amar a Deus com a sinceridade do nosso coração e em amar a tudo o que Ele criou. O estudo espírita aclara o entendimento, permite-nos encontrar o caminho de iluminação interior e manifestar o sentimento de religiosidade natural que não precisa de dogmas, paramentos ou rituais para expressar-se.

Ao longo do crescimento da criança, será preciso que ela vivencie junto à sua família as manifestações de religiosidade. Os familiares adultos precisam considerar esse assunto seriamente, se desejam transmitir um bom exemplo aos novos membros da família. Não é adequado esperar a criança crescer para que defina seu comportamento religioso. O ideal será que a família tenha vínculos com uma religião e assuma os compromissos com a instituição de sua escolha. Caso haja manifestações diferentes entre os familiares, o exemplo deverá ser de respeito à escolha de cada um e estabelecimento de momentos de oração conjunta, em que a leitura de textos espirituais e a oração estejam presentes, sem que haja polêmicas ou manifestações adversas quanto à religião do outro.

2. Destronar o Tempo

"Zazá era uma menina feliz. Estava sempre sorrindo e tratava a todos com muito carinho. Além disso, assim como aprendera com sua mãe, desde menina, tinha verdadeira devoção à virgem Maria, a mãe de Jesus. Contou-nos que, quando era criança, a sua mãe sempre lhe dizia: Zazá você é a cara da sua avó! Se parece muito com ela! Naquela ocasião, era difícil visitar a avó, porque ela morava em outro estado e a situação financeira de sua família não lhes permitia viajar. Tempos depois, quando foi conhecê-la, já com nove anos de idade, aquele evento a marcou para sempre, porque quando sua mãe lhe disse, frente a sua avó: - Filha, abrace a sua vovó! A menina saiu gritando apavorada! Contou-nos que achou a sua avó muito feia e não queria parecer-se com ela! O tempo traz marcas à fisionomia humana e as crianças precisam saber sobre as mudanças e a transitoriedade de todas as coisas. Foi preciso que a criança confrontasse a sua fisionomia com uns poucos retratos da sua avó ainda jovem, para que não amargasse o complexo de feiura para o resto de sua vida. Essa historia de ficar comparando as crianças com os adultos é bastante problemática. Por que não lhe perguntar: - Com quem você acha que se parece? Uma grande amiga nossa um dia nos confidenciou que, quando criança, desejava muito que alguém lhe dissesse que ela se parecia com a sua mãe."

O tempo é um dos maiores temas da religião, da filosofia e da ciência e existem muitas maneiras de defini-lo. Esse, contudo, não é o nosso objetivo aqui. Queremos apenas trabalhar alguns conceitos que podem despertar reflexões instigantes, capazes de nos tirarem do comodismo que nos caracteriza.

Na Grécia antiga, havia duas palavras para o tempo: '*chronos*' e '*kairos*'. O primeiro refere-se ao tempo cronológico, que pode ser medido, e o último significa um momento indeterminado no tempo em que algo especial acontece. Vamos detalhar um pouco as ideias sobre *chronos* ou *cronos*.

Na mitologia grega, a origem de tudo é o Caos, a noite absoluta. Do Caos, surgiu a primeira divindade: Gaia - a deusa-ventre, que é a Terra, que retirou Uranos das suas próprias entranhas. Uranos pôs-se acima de sua mãe, cobriu-a toda sem tocá-la, tornou-se o céu, a eternidade. De forma imprevista, surge outro deus do Caos: Eros, o amor. Por ter sido gerado da noite profunda do Caos, o amor é cego e, sem ver onde se colocava, foi ficar entre o céu e a terra, que, sob o seu poder, geraram outras divindades: Cronos (o Tempo), Mnemosyne (a Memória), Reia, os Ciclopes e outros.

Cronos casou-se com a sua irmã Reia, mas devorava todos os seus filhos para que ninguém o superasse. Reia, no entanto, protegeu um deles: Zeus, que conseguiu destronar o tirano Cronos e libertar do seu estômago vários deuses, especialmente Métis, a Prudência, que tinha o dom da metamorfose. A seu pedido, ela se transformou em uma gota de orvalho, que ele bebeu. Quando ele a absorveu, não sabia que ela já estava grávida. E, da cabeça de Zeus, que era o deus da justiça, junto da prudência, nasceu a mais iluminada das deusas: Atenas, a deusa da sabedoria.[79]

Interessante o simbolismo do texto: o tempo aparece como algo que nasce do amor entre a Terra e o Céu, o que nos remete aos primeiros tempos da criação, quando o tumulto, pelo resfriamento do planeta, serenou, permitindo que o céu se fizesse finalmente visível e se iniciasse a sequência de fatos que acabou por gerar a vida. Outro belo símbolo é o que sugere ser a sabedoria filha da prudência, que é absorvida por uma inteligência que venceu o tempo.

Isso nos remete a uma reflexão sobre o homem na visão espírita. A inteligência é atributo do ser imortal, mas, enquanto nos mantiver-

[79] BULFINCH, Thomas. *O livro de ouro da mitologia*. Ediouro, 1999.

mos tão atados à matéria, pela inferioridade que nos caracteriza, não conseguiremos superar a relatividade e a transitoriedade que marca a vida do ser encarnado. Mesmo após a morte, prosseguiremos limitados pelo baixo nível de consciência e submissos ao imperativo da matéria. É, pois, necessário destronar o tempo e absorver a prudência para que vençamos os obstáculos que o mundo nos apresenta e atinjamos as metas que estão fixadas pelas Leis Divinas, inscritas em nosso próprio ser.

Somos espíritos imortais e sabemos que Deus nos concede o tempo como fator imprescindível à evolução, mas alguns ensinos do *Evangelho* devem nos mobilizar. Por exemplo, o que é anotado por João no capítulo 12:

> Disse-lhes então Jesus: "Ainda por um pouco de tempo a luz está entre vós. Andai enquanto tendes a luz, para que as trevas não vos apanhem; pois quem anda nas trevas não sabe para onde vai."

O texto parece nos alertar quanto a algumas condições. Teremos tempo para chegar à plenitude, mas as condições desse tempo se modificam. Há uma urgência em se aproveitar o momento favorável, para não correr o risco de entrar por um tempo de condições mais precárias.

O ensinamento principal de Jesus é "Amai a Deus sobre todas as coisas e ao próximo como a vós mesmos". Precisamos colocar-nos como discípulos de Jesus, trazer essa questão para as nossas reflexões cotidianas, sondar até que ponto estamos investindo energia no desenvolvimento de nossa capacidade de amar, criando condições para libertar-nos das amarras materiais e alcançarmos o conhecimento da verdade absoluta que liberta totalmente a criatura da ignorância e do erro. Nossos filhos estão sujeitos aos ensinos que lhes facultaremos e esse é o essencial. Será que estamos sabendo fazer com que percebam a importância de aproveitar o tempo de que dispõem? Será que os estamos orientando em relação às transformações e mudanças que o tempo traz? E os tempos atuais, seriam mesmo de transição?

Há informações sérias sobre o tempo de transição que estamos vivendo no planeta Terra. Para muitos seres, talvez, esta seja a última encarnação em que terão a chance de despertar para um novo nível evolutivo. Não podemos desperdiçar oportunidade tão preciosa.

3. Cantar o Amor

"Ângela sempre fora uma menina muito inteligente. Formou-se muito cedo em jornalismo e saiu em busca do seu emprego ideal. Passou em um dos concursos mais difíceis, na capital do Brasil, e por isso teve que sair de casa também muito cedo. No primeiro dia das mães que passou fora de casa, acordou um pouco triste por não poder abraçar fisicamente a sua mãe naquele dia. Teve uma ideia: comprou uma braçada de rosas e foi para um asilo, onde, contando a sua história, a diretora do asilo permitiu que ela passasse aquele dia junto dos idosos. Muito criativa, cantou e declamou para os velhinhos e distribuiu as rosas. No final do dia, ligou para a sua mãe e lhe contou o presente que havia preparado para ela. Sua mãe agradeceu, emocionada, o presente, que considerou o mais bonito presente de sua vida."

Foi a vitória do amor!

Há um texto de Lázaro, no capítulo 11, item 8 de *O Evangelho segundo o espiritismo*, em que está traçada a linha evolutiva do ser humano na aprendizagem do amor. Afirma ele:

> Em sua origem, o homem só tem instintos; quando mais avançado e corrompido, só tem sensações; quando instruído e depurado, tem sentimentos. E o ponto delicado do sentimento é o amor, não o amor no sentido vulgar do termo, mas esse sol interior que condensa e reúne

> em seu ardente foco todas as aspirações e todas as revelações sobre-humanas.

Analisando a nossa situação no plano evolutivo traçado por Lázaro, podemos considerar que nos encontramos, agora, em trânsito do império das sensações para o predomínio do sentimento. Nessa fase evolutiva, levando em conta os milênios já vividos, temos um considerável acervo de contatos amorosos. Eles se apresentam em variados papéis em nossas oportunidades encarnatórias: mãe, pai, esposo(a), irmão(ã), filho(a), namorado(a), amigo(a) e por aí vai. Como estamos cuidando desses amores em nossa vida atual? Em nossa cultura, estabeleceu-se uma banalização do vocábulo amor e isso dificulta as nossas relações e fica complicado, até mesmo, compreender o que significa "eu te amo", frase tão frequentemente repetida, mas que se alterna com atitudes contraditórias de desrespeito, agressividade ou indiferença.

Temos que reconhecer a necessidade de nos empenharmos muito para buscar a plenitude do verdadeiro amor, que, na metáfora feliz de Lázaro, é qual um sol interior e podemos ver, nessa simbologia, toda a riqueza de ideias que nos remete às considerações sobre uma energia capaz de aquecer, vivificar, iluminar, produzir alegria e serenidade.

Jesus nos estimula, dizendo: "Amai os vossos inimigos... sede perfeitos como perfeito é vosso Pai Celestial." (Mateus, cap. V, 44, 46 a 48). Se nem aos nossos familiares temos manifestado um sentimento mais profundo, o que fazer para atingir o nível de expressar amor aos inimigos? Como ensinar isso à criança? A interpretação equivocada dessa máxima "sede perfeitos" é que resultou em personalidades doentes como Hitler, que pensava em constituir uma raça humana perfeita, e de Lênin, que imaginou também uma sociedade perfeita, em que todos recebessem de forma igual,[80] mas a palavra de Jesus é motivadora de nossa busca da perfeição relativa que poderemos alcançar, quando trabalharmos pelo desabrochar das virtudes potenciais que existem em nós.

Talvez alguma pista para essa busca se apresente ao penetrarmos um pouco mais na leitura de *O Evangelho segundo o espiritismo*, no capítulo 17, em que há uma relação de características do homem de bem apresentadas pelo Codificador. Essa relação pode nos ajudar a

[80] BAUMAN, Zigmunt. *O mal-estar da pós-modernidade*. Jorge Zahar, 1998.

traçar um plano para nós mesmos, a fim de que sejamos bons exemplos para nossos educandos.

Kardec diz que o homem de bem cumpre a lei de justiça, amor e caridade; faz diariamente uma auto-avaliação; tem fé em Deus (em sua bondade e justiça) e no futuro; encontra satisfação em praticar a caridade; é indulgente; não alimenta ódio; não aponta defeitos nos outros; não se envaidece de seus bens ou de seus talentos; usa, mas não abusa dos bens; se na posição de chefe, trata bem os subalternos; se na posição de subalterno, cumpre seus deveres; respeita todos os direitos alheios. O Codificador adianta que essas não são todas as qualidades do homem de bem, mas quem estiver buscando atingi-las estará também conquistando as demais.

É sempre bom lembrar que quem deseja educar precisa educar-se. Façamos, portanto, a análise de nossos atos, estabelecendo comparações com esse perfil e saberemos o que nos cumpre trabalhar em nós para que prevaleçam os valores morais em nossa atual existência e sejamos guindados à condição mais propícia ao desenvolvimento do sol interior, que é o sentimento de amor em sua caracterização verdadeira, conforme exemplificou Jesus. Precisamos enfatizar que a ausência da interação amorosa na infância é calamitosa para o desenvolvimento do indivíduo, porquanto, na inter-relação afetiva com os nossos semelhantes é que podemos nos tornar capazes de amar conforme o modelo exemplificado pelo Cristo.

4. O Mundo Invisível É Real

"Miguel, menino de cinco anos, encantava a todos na escola, porque se mostrava sempre sorridente e bem humorado. Dizia que, em qualquer lugar que estivesse, o seu amigo João estava com ele. Sua mãe nos confidenciou que se preocupava muito com isso, porque só ele via esse amigo a quem chamava João. Havia dias em que ele só comia, se ela servisse um outro prato de comida para o seu amigo.

"Conversamos com o Miguel a respeito do seu amigo invisível e não demoramos muito em alcançar a razão principal daquela fantasia. Ele nos contou, entre tantas outras coisas do mundo mágico infantil, que o seu amigo era muito diferente do seu pai, porque brincava e ria muito com ele e seu pai estava sempre nervoso. Explicamos para a sua mãe que não existia espírito nenhum e sugerimos ao seu pai que diminuísse a sua carga de trabalho e se dedicasse um pouco mais ao menino. Não só as crianças, mas também alguns adultos, por não suportarem os problemas da vida real, criam essas fantasias para escaparem da realidade que os entristece ou ameaça e vivem-na como se fosse verdade. Houve também outros casos de amigo invisível. Claro que sabemos da possibilidade da presença de espíritos que podem até perturbar as crianças, mas, na maioria das vezes, é uma fuga."

É da maior relevância constatar que vivemos imersos em um ambiente energético que nos interliga, determinando influências recíprocas, inclusive com a participação de espíritos no contexto individual e familiar. Isso muda totalmente a maneira de analisar a realidade. Sendo essa energia o veículo do pensamento e podendo o pensamento modificar-lhe as propriedades, compreende-se que, numa família, essa energia esteja impregnada das qualidades boas ou más dos pensamentos dos que habitam a casa. Emoções e sentimentos alimentados pelo indivíduo geram, portanto, efeitos na ambientação da família. A qualidade dos pensamentos e sentimentos das pessoas também definem o tipo de espíritos que convivem com o grupo familiar. Os ambientes repletos de fluidos que envolvem os espíritos maus, ou que estes projetam, são viciados, ao passo que os que recebem a influência dos bons espíritos são tão puros quanto o comporta o grau da perfeição moral destes. Por isso, Allan Kardec adverte:

> Mas, do mesmo modo que há radiações sonoras, harmoniosas ou dissonantes, também há pensamentos harmônicos ou discordantes. Se o conjunto é harmonioso, agradável é a impressão; penosa, se aquele é discordante. Ora, para isso, não se faz mister que o pensamento se exteriorize por palavras; quer ele se externe, quer não, a irradiação existe sempre.[81]

Vivendo em mundos de provas e expiações, não pode o indivíduo deixar de experimentar sentimentos de tristeza, indignação, raiva, mágoa, saudade e dor, que também impregnam seu ambiente energético de fatores adversos ao equilíbrio e à saúde, mas pode e deve evitar que esses sentimentos perdurem por longo tempo. Quando enfrentamos a perda de um ser querido, uma doença ou outro fato adverso, precisamos cuidar do nosso equilíbrio psíquico, buscando os recursos da leitura edificante, da oração e da mentalização positiva. O desenvolvimento da fé será fator fundamental para se conquistar a serenidade diante das provas e expiações.

Jesus apresentou-nos a criança como modelo, ao dizer que o Reino dos Céus pertence aos que se lhe assemelham. Importante é notar que uma característica da criança que tem a ver com o que estamos examinando aqui é a capacidade de olhar a vida com olhos bons. A criança

---

[81] KARDEC, Allan. *A gênese*, cap. 14, 19.

pode experimentar a alegria e a descontração da brincadeira, mesmo em condições muito adversas. Depois que a infância se vai, é difícil o indivíduo que consegue manter essa característica, mas seria interessante fazê-lo, para que suas irradiações sejam positivas na composição da sua ambientação espiritual.

Em nossos momentos difíceis, precisamos ter claro para nós que nossos familiares não são a causa do nosso sofrimento, embora possam estar envolvidos nos fatos que nos atingem ou nos atingiram. A causa está, principalmente, em nós mesmos, nos sentimentos inferiores que ainda conservamos, ainda que movidos por programações inconscientes. O grande segredo é tomar consciência disso e passar pela dificuldade, sem descarregar no outro as vibrações negativas que momentaneamente portamos. Utilizar a respiração profunda nos ajuda a reajustar o campo interno e asserenar o íntimo pela oração, pela mentalização positiva, ou por recursos terapêuticos que estiverem ao nosso alcance.

É preciso ser sincero, sobretudo com a criança, a respeito do nosso estado interno. Não adianta tentar disfarçar, ou mentir, para protegê-la. Ela está imersa na psicosfera e vai registrar a energia. Se formos sinceros, a criança se tranquilizará, por intuir que estamos efetivamente em condições de enfrentar o momento difícil.

5. A Magia da Oração e do Transe

"Ouvir músicas clássicas durante alguma atividade com a criança proporciona não só benefício para a psicosfera ambiente, como também a oportunidade de elevar o nosso pensamento. Na nossa escola, durante as refeições, ouvíamos Bach e, durante a recreação livre, colocávamos Mozart. Desenvolvíamos a prática da oração, antes de nos alimentarmos e, na hora de dormir, evocávamos a presença do guia espiritual para nos conduzir aos lugares bonitos da nossa mente. Em casa, essa pratica também é muito salutar. As crianças se tornam mais imaginativas e criativas, porque treinam o transe mental, sem perceber que estão sendo treinadas para tal. E como isso ajuda na fase adulta!"

Com certeza podemos afirmar que a evolução da adoração se realizou juntamente com a evolução mental, moral e espiritual do homem, no processo de desenvolvimento econômico-social da humanidade, que prossegue em sua caminhada, cuja meta é atingir a fase superior de adoração do coração, isto é, de prevalência da interiorização do sentimento de religiosidade, numa experiência transcendente que prescindirá de objetos e rituais para realizar-se, conforme ensinou Jesus, a adoração em espírito e verdade.

Chegará o tempo em que não precisaremos de templos de pedra ou de livros sagrados; não teremos que armar-nos para defender nossa maneira particular de adorar a Deus, porque teremos compreendido que isso se faz intimamente e que toda forma de adoração é respeitável quando sincera; teremos alcançado a liberdade de pensar por nós mesmos e tomaremos as rédeas da nossa própria existência, eliminando de nós os resíduos do fanatismo religioso e da covardia moral. Já é possível tomarmos uma atitude consciente, libertar-nos de vez de todas as amarras dos dogmas e buscar o desenvolvimento dos germes do próprio aperfeiçoamento. E, mais que isso, já podemos auxiliar as novas gerações a construir as bases de sua própria religiosidade.[82]

A oração deve fazer parte da rotina da família e, depois, da rotina da escola. É possível cultivar a oração sem conotação de nenhuma religião formalizada. Para a família, voltamos a recomendar a instituição da reunião familiar uma vez por semana, para leituras de cunho espiritual e preces. Entre os cristãos de qualquer denominação, pode-se iniciar, de imediato, o estudo do *Evangelho* no lar, que é uma reunião muito simples: todos se acomodam em torno da mesa de refeições, colocam-se jarra de água e copos sobre a mesa, faz-se a leitura de um trecho do *Evangelho*, comentam-se os preceitos de forma simples, aproximando -os do cotidiano da família e, em seguida, faz-se a prece, que deve conter louvor a Deus, agradecimento e as solicitações. Se os filhos estão nas primeiras fases da infância, podem-se usar publicações que traduzem os ensinamentos de Jesus em uma linguagem própria para eles e, antes da prece, conversar sobre o que vamos agradecer e o que vamos pedir.

Essa reunião promove um clima especial entre os familiares, porque todo o grupo se coloca em condições especiais que permitem a aproximação de bons espíritos e a absorção de energia de uma qualidade absolutamente diferente da que permeia o cotidiano das pessoas atribuladas por tantas pressões psíquicas que compõem as comunidades modernas. Criamos, assim, um oásis de calma e serenidade para nosso próprio equilíbrio e saúde. Com o tempo e a persistência nessa realização, a ambiência psíquica do lar incorpora definitivamente essa qualidade de energia, criando barreiras invisíveis à penetração de vibrações deletérias. Os filhos crescerão, absorvendo esse alimento imprescindível ao desenvolvimento dos valores morais. Mais tarde, quando estiverem de posse das rédeas das próprias vidas, saberão buscar as boas fontes, nos momentos de necessidade.

---

[82] SOUZA, Dalva. *Os caminhos da liberdade.*

O magnetismo que envolve pais e filhos, durante a reunião familiar para cultivar a oração e o contato com Deus, induz a uma forma leve de transe, que é muito benéfica. Quando se fala em transe, as pessoas pensam em situações exóticas, em formalidades religiosas complicadas ou em interações mediúnicas, mas não se trata disso aqui. Toda a nossa existência na Terra envolve fenômenos magnéticos e as ocorrências do transe são bem mais frequentes do que podemos supor.

Um estudo interessante é desenvolvido no Brasil pelo neuropsiquiatra Sérgio Felipe de Oliveira, mestre em ciências pela Faculdade de Medicina da Universidade de São Paulo e diretor da Clínica Pineal Mind de São Paulo. Ele afirma que "a glândula pineal, um órgão sensorial, capta as ondas magnéticas dos universos paralelos; a percepção seria enviada ao lóbulo frontal que a interpretaria".[83] Seus estudos mostram que a glândula pineal gerencia todos os ritmos do organismo, como a que horas cada indivíduo vai produzir cada hormônio, as batidas do coração, os ciclos do humor, os hormônios sexuais, o ciclo da fome. Enfim, todos os ciclos, sempre ligados ao meio ambiente. Um desequilíbrio da pessoa leva à desarmonia desses ciclos. A pessoa em equilíbrio reflete isto para o corpo. E para onde ela reflete? Reflete para a glândula pineal, que, captando essa energia equilibrada, transfere o equilíbrio para o organismo. Segundo explica, há uma periodicidade contada em minutos (90 minutos), para as pulsões da pineal, esteja ou não o indivíduo em situação de recolhimento psíquico, isto é, a cada 90 minutos, o indivíduo capta irradiações da 4ª dimensão e, na dependência de outras questões que não cabe discutir aqui, poderá estabelecer em seu próprio organismo reflexos disso mais ou menos patentes. Isso significa dizer que, a cada 90 minutos, as interações magnéticas constantes em nosso ambiente podem afetar nosso organismo de maneira positiva ou negativa. Daí a importância de se estabelecer o hábito de interagir com dimensões de equilíbrio, pelas leituras edificantes e pela oraçao.

Ressalte-se ainda que a ocorrência de transes imperceptíveis pode acontecer a partir dessas interações, resultando em portas que se abrem para sugestões positivas ou negativas. O estudo do transe saiu

---

[83] http://palavrastodaspalavras.wordpress.com/2008/04/26/a-mediunidade-e-a-psicanalise-entrevita-com-sergio-felipe-de-oliveira/– capturado em 17/11/2009.

do âmbito puramente religioso para as pesquisas científicas.[84] Daí a necessidade de conhecermos um pouco mais sobre os mecanismos do transe. Recomendamos entre tantas possibilidades, o livro *Além do inconsciente*, de Jaime Cervino (FEB), e *Transe e mediunidade*, de Lamartine Palhano Jr. (Lachâtre). Não vamos, pois, entrar em detalhes sobre o assunto aqui, mas queremos apenas adicionar que o transe anímico pode ser utilizado com proveito na educação de crianças e jovens por pais e/ou professores. Damos algumas técnicas na sequência de uma aula que está proposta mais à frente.

---

[84] GROF, Stanislav. *Muito além do cérebro.*

6. O Prelúdio das Idas e Vindas

"José Carlos, com 9 anos de idade, via sempre um senhor moreno dentro de sua casa. Quando o personagem aparecia, corria para chamar a sua mãe, Helena, que se assustava muito, dizia-lhe que não existia ninguém e era coisa da sua imaginação. O fato se repetiu tanto que ela resolveu nos procurar e sugerimos que perguntasse ao menino se o senhor lhe falava alguma coisa. O menino disse ser o seu tio Arnaldo, que havia desaparecido ainda criança e precisava dizer aos seus familiares que ele estava bem, mas não estava mais no mundo dos vivos. Esse fato não poderia ser fruto da imaginação infantil, já que Helena teve um irmão que desapareceu com seis anos de idade e o desaparecimento havia acontecido vinte e seis anos antes de começarem as aparições."

Pascal afirmou: "A imortalidade é uma coisa que nos importa tanto, nos toca tão profundamente, que é preciso ter perdido todo o sentimento para sermos indiferentes de saber o que ela é."

Essa necessidade de saber o que ocorre depois da morte é natural no ser humano e, desde sempre, o homem conserva um sentimento intuitivo de que a morte não representa o fim de tudo. No século 19, entretanto, o desenvolvimento de extraordinárias pesquisas em todos os ramos do conhecimento humano lançou sérias dúvidas sobre essa crença, abalando os alicerces das religiões constituídas. Foi exatamente nessa época que nasceu o espiritismo, que iniciou profunda pesquisa dos fatos psíquicos e, por meio de observações bem conduzidas por muitos cientistas, estabeleceu de maneira clara e insofismável a convicção de que a alma é um ser independente do organismo corpóreo e sobrevive ao fenômeno da morte.

No século 20, outras disciplinas surgiram, como a parapsicologia, a psicotrônica e a transcomunicação instrumental, cujas pesquisas oferecem subsídios às reflexões sobre a dimensão espiritual do homem. Aqueles, pois, que desejem fundamentar sua crença na imortalidade sobre as bases sólidas da razão e da experimentação científica, poderão valer-se de uma extensa bibliografia. Negar a sobrevivência da alma, sem oferecer uma argumentação tão sólida quanto os fatos que a comprovam não é atitude científica e só permanece ainda na dúvida aquele que não se dispõe a um estudo sério do assunto.

Na verdade, nosso ser se rebela contra a ideia do nada. A alma continua vivendo, assim atestam todas as religiões, mas essa afirmação se apresenta como solicitação da fé para que a aceitemos sem discutir. O espiritismo sustenta que não há na natureza mistérios, milagres ou fins incompreensíveis, tudo é inteligível. Aquilo que permanece ainda distante do nosso conhecimento tornar-se-á compreensível um dia, quando desenvolvermos mais nossa inteligência e a nossa capacidade de apreensão das leis que regem os fenômenos que desconhecemos.

As pesquisas espíritas evidenciaram a existência de uma realidade após a morte. A alma sobrevive à morte do corpo e passa a habitar o mundo dos espíritos, que não está em um lugar à parte no universo, mas que interpenetra a dimensão material e interfere na vida dos seres humanos. Essa visão aponta possibilidades novas, quando se trata de discutir a morte e o destino das almas.

Criaram-se milhares de teorias para que o homem pensasse que a morte é uma separação definitiva, outras teorias mostram dimensões infernais, representando a consciência limitada de algumas criaturas, mas podemos aprender com o estudo espírita que o pensamento constrói a morada de cada um e vida e morte são sinônimos e não antônimos, porque todos nós somos vivos/mortos ou mortos/vivos dependendo dos nossos pensamentos. A grande urgência da educação é realmente ensinar a pensar. Somos, muitas vezes, prisioneiros das nossas próprias crenças infantis.

> (...) Novas descobertas cientificas estão começando a apoiar crenças de culturas de milhares de anos, que mostram nossa psique individual como, em última análise, uma manifestação da consciência e inteligência cósmicas que fluem através de toda a existência. Nunca perdemos completamente o contato com essa consciência cósmica porque nunca estamos inteiramente separados dela. Esse é um conceito encontrado independentemente em tradições místicas através do mundo. Aldous Huxley chamou-o de 'filosofia perene'.[85]

Trabalhamos esse tema em outro livro[86] e o(a) leitor(a) interessado(a) pode encontrar nele e em outras publicações maiores detalhes sobre a morte, para fundamentar seus próprios conceitos e ter segurança, ao falar do assunto com as crianças.

---

[85] GROF, Stanislav. *A mente holotrópica*.

[86] BRANDÃO, Leila; SOUZA, Dalva; GUIDA, Cylene. *A morte não é bem assim*.

7. O Voo da Imaginação

No princípio da vida organizada, os pássaros eram, na Terra, as criaturas de Deus que mais se lastimavam. Moravam no chão, onde a chuva lhes criava muitos contratempos, porquanto sentiam o peso das próprias asas sobre si mesmos e os temporais lhes encharcavam as penas, que, então, faziam-se-lhes muito pesadas. Viam os outros animais abrigados em furnas e esconderijos outros, entretanto ai deles! não podiam habitar o mesmo espaço dos outros seres da criação, sob pena de serem devorados ou mutilados.

Depois de muito tempo de sofrimentos e provas, as aves se reuniram e constituíram uma comissão que demonstrasse ao Senhor a situação em que se achavam. As aves mensageiras encontraram o Excelso Benfeitor no topo de um monte e Lhe expuseram a vida que levavam. O Amigo Celeste ouviu-as com bondade e falou em seguida:

– Mas vocês foram as únicas criaturas às quais dei o céu. Por que não usam o dispositivo o qual recomendei aos meus emissários lhes fosse esculpido no próprio corpo?

– Que dispositivo? – indagou uma delas.

O Senhor, com carinho, explicou-lhes que esse dispositivo era o par de asas que a todas elas concedera. E, de imediato, ensinou às interlocutoras como abrir o par de asas de cujo peso se queixavam tanto. No mesmo instante, todas voaram ganhando o espaço a pipilarem de alegria.

> Pois é, as provações da Terra de que tanta gente se lastima são as asas que, convenientemente usadas, transformam-se em planadores que impulsionam o espírito para cima.[87]

Somos filhos de Deus e herdeiros de todo o universo e, por isso, foram colocados em nós dispositivos que, devidamente desenvolvidos, proporcionar-nos-ão tomarmos posse dessa herança.

> Disse Jesus: – O olho é a lâmpada do corpo. Se teu olho é são, todo o teu corpo será bem iluminado; se, porém, estiver em mau estado, o teu corpo estará em trevas. Vê, pois, que a luz que há em ti não sejam trevas. Se, pois, todo o teu corpo estiver na luz, sem mistura de trevas, ele será inteiramente iluminado, como sob a brilhante luz de uma lâmpada. (Lucas, cap.9, vv. 34 a 36.)

Por que é tão importante fazer com que todo o nosso corpo esteja inteiramente iluminado? Porque a luz é a fonte da vida. Sem luz não haveria cor, dimensão, beleza e, finalmente, vida. Deus é Luz e somos filhos da Luz. A energia luminosa, até onde conhecemos, caminha numa velocidade de 300.000 Km/s, viabilizando a possibilidade de viajarmos, um dia, a essa velocidade e conhecermos um pouco mais da nossa herança celeste.

A nossa posição é de seres ainda pequeninos, mas que contêm a possibilidade de crescer em direção ao infinito. Para tanto, precisamos sentir "fome e sede" de conhecimentos. "Se o ignorante sentisse fome de luz, como o faminto sente fome de pão, já não haveria consciências e corações mergulhados em trevas. O mundo já seria luminoso". Acender, pois, a luz interior nas profundezas das almas aqui encarnadas, tal a gloriosa e privilegiada missão do espiritismo. "É muito triste, disse Victor Hugo, ver um corpo morrendo à míngua de pão; porém mais triste ainda é ver uma alma morrendo à míngua de luz".[88]

Pelas dificuldades que vivenciamos hoje, podemos avaliar quais foram os valores que escolhemos nas nossas vidas pregressas. Privilegiamos, com certeza, o mundo das ilusões, apegados às formas ex-

[87] BACELLI, Carlos. *Chico Xavier, mediunidade e coração.*
[88] VINÍCIUS. *Na escola do Mestre.*

teriores. Imaginávamos que as nossas ações ocultas jamais seriam reveladas. Precisamos urgentemente fazer brilhar a nossa luz, ou seja, realizar em nós mesmos os planos de Deus, que consistem em construir nossa felicidade definitiva. Pela inteligência e pela moralidade, as duas asas da evolução humana, haveremos de alçar voos mais altos em direção ao nosso destino. Ninguém pode burlar as leis do Pai e, ao retornarmos à vida na erraticidade, teremos a vestimenta espiritual que as nossas escolhas nos proporcionaram. Cada ser terá a coloração, o peso específico e a luz que a sua condição evolutiva lhe permitir.

Se o olho é a lâmpada do corpo, a forma pela qual 'olhamos' a vida determinará o tipo e a qualidade da matéria mental que assimilaremos, no curso das nossas existências: matéria sutil e saudável ou densa e doentia. Acionemos, pois, a VONTADE para não perdermos mais tempo com fantasias e ilusões. Usemos de forma mais consistente nossa capacidade de imaginar e idealizar. Façamos como as aves da fábula, desencharquemos as nossas asas, libertemo-nos do pessimismo, da desesperança, da tristeza e da preguiça atávica e aprendamos com os 'enviados do céu' a utilizar esses dispositivos que recebemos do Pai.

8. A Linguagem dos Símbolos

Ao tratarmos da capacidade humana de imaginar, naturalmente lembramos as narrativas fantásticas criadas em todos os tempos e que compõem o folclore. Que importância terão essas composições, quando se cogita sobre como ensinar à criança para onde vamos? As lendas são histórias fantasiosas passadas de geração a geração, que misturam fatos da realidade com outros imaginados.

Muitas crenças populares contêm traços das ideias espíritas misturados a superstições e geram lendas por vezes ridículas e pouco fundadas, mas, se as analisarmos à luz do espiritismo, veremos que repousam sobre uma base real que foi desnaturada pela tradição. Saber o que há de verdadeiro ou de fantasioso depende de nossa visão de mundo, pois muitos fatos considerados fantasiosos nas narrativas folclóricas dos povos estão apoiados em experiências de fenômenos que o espiritismo estuda.

Allan Kardec afirma que a:

> (...) mitologia pagã, aliás, nada mais é, em realidade, do que um vasto quadro alegórico das diversas faces, boas e más, da Humanidade. Para quem lhe busca o espírito, é um curso completo da mais alta filosofia, como acontece com as modernas fábulas.

A mente humana é simbólica. O exemplo desse simbolismo se mostra nos sonhos. É difícil interpretar o que vivenciamos durante o sono físico, porque o inconsciente fala com a linguagem dos símbolos. Os estudiosos do psiquismo humano sugerem que os sonhos estejam envolvidos no processo de criação das fábulas, das lendas e dos mitos, por isso as narrativas fantásticas não se destinam apenas às crianças, podem encantar pessoas de qualquer idade.

A intervenção de seres incorpóreos na rotina das famílias, por exemplo, faz parte das crenças populares de todos os tempos. A partir dessa crença, criaram-se narrativas fantásticas revestidas do gosto pelo maravilhoso do pensamento supersticioso. Assim é que se contam histórias de duendes, diabos, ou outros seres, que procuram todas as ocasiões de brincar maldosamente, batendo portas, deslocando móveis, assoviando, produzindo suspiros lamentosos, tirando as cobertas dos que estão deitados e outras atitudes, cujo objetivo é incomodar as pessoas. Alguns adultos utilizam essas figuras para provocar medo na criança, a fim de obter obediência dela ou o comportamento desejado. Não é adequado esse método, porquanto se pode criar na mente infantil uma insegurança em relação ao que a aguarda no futuro, tolhendo sua criatividade e sua possibilidade de desenvolver um comportamento de autonomia.

Muitas figuras presentes nas fábulas e lendas são representações arquetípicas e podem surgir na mente infantil, gerando emoções, interferindo em seus processos psíquicos. Os pais podem se deixar envolver pelo encantamento das lendas e fábulas e vivenciar com seus filhos a experiência de compartilhar as emoções que despertam, porquanto oferecem estímulo à criatividade e se constituem um patrimônio cultural da humanidade. Ao mesmo tempo, ao vivenciar com a criança a narrativa, os pais poderão trabalhar o significado delas, possibilitando a superação de sentimentos negativos que poderão emergir na mente infantil, gerando preocupações quanto ao futuro e o desenrolar da vida, seja no plano físico, seja na dimensão espiritual.

9. Isso É Sonhar!

(...) Nessa estrada não nos cabe
Conhecer ou ver o que virá
O fim dela ninguém sabe
Bem ao certo onde vai dar
Vamos todos numa linda passarela
De uma aquarela que um dia enfim
Descolorirá...

Toquinho

Em se tratando da vida no plano material, o compositor Toquinho é realista, ao nos dizer que não sabemos o fim da estrada que estamos trilhando. Nosso futuro não é pré-determinado, há possibilidades variadas e tudo depende do que estamos escolhendo fazer hoje. Percorremos o caminho de uma aquarela que fatalmente descolorirá, isto é o futuro determinará o esmaecimento das cores do presente. De certa forma, tudo o que nos preocupa no momento perderá sua força daqui a pouco, quando o tempo nos colocar em outra situação, em outro momento. É sábio, pois, usar a imaginação para colocar-se fora do próprio contexto, temporariamente, a fim de superar dificuldades, criando, pela imaginação, a situação desejada. *Isso é sonhar!* O sonho não é só o que nos acontece durante o sono físico, mas também o que projetamos para o futuro como realização de ideais e desejos. Não devemos viver de sonhos, porque isso nos deslocaria do nosso momento de realizações, mas precisamos sonhar para construir algo melhor.

A criança também sonha, mas seus sonhos têm conteúdos diferentes dos sonhos adultos, pois, embora o espírito que está encarnado possa ser desenvolvido, o fato de estar ligado a um corpo na fase infantil gera limites, mesmo para os momentos de emancipação da alma, que ocorrem pelo sono físico ou pelo transe. A perturbação que o ato da encarnação produz no espírito não cessa de súbito, por ocasião do nascimento. Só gradualmente se dissipa, com o desenvolvimento dos órgãos. Kardec comenta que o objeto dos sonhos infantis é pueril, comprovando essa perturbação que o corpo gera para o espírito encarnado.

Mesmo ao se liberar totalmente do corpo, caso ocorra a morte no período da infância, não readquire o espírito seu precedente estado psíquico de lucidez, porque essa retomada só acontece quando o espírito supera totalmente o vínculo com a matéria. A pesquisa espírita mostra que muitos indivíduos conservam a forma do corpo que acabaram de deixar por longo tempo. Em alguns casos, até a ligação a um novo corpo. Por isso, há espíritos que se apresentam na forma infantil no mundo espiritual, demandando cuidados como os que temos com as crianças encarnadas. É que a natureza não dá saltos e tudo acontece dentro de um processo gradual de ajustamento psíquico.

As atividades que se podem desenvolver com a criança de utilização do potencial de imaginação podem ser muito interessantes, porque, além de despertar a criatividade, podem permitir ao espírito um exercício de emancipação das constrições do corpo. As lendas e fábulas, por isso mesmo, são material didático sugerido aqui em várias atividades.

O educador precisará utilizar bem esse material e permitir à criança a expressão livre, quando trabalhar com as atividades de mentalização, exatamente para analisar seus resultados e ajudar a criança a situar-se adequadamente, entendendo o limite entre a realidade e a fantasia dos sonhos e dos contos de fadas.

10. Nossas Escolhas Interferem em Outras Vidas

Ao longo de toda a nossa existência terrena, somos convidados a escolher e, escolhendo, definimos nosso destino, que está entrelaçado ao destino daqueles que conosco convivem em relação de afetividade. Há uma grande responsabilidade, pois, em nossas mãos. Nossas escolhas podem interferir em outras vidas, principalmente na vida daqueles que Deus nos confia na condição de filhos ou tutelados. Somos espíritos imortais, trilhamos a linha da evolução que se inicia num estado de simplicidade e ignorância e termina na condição de perfeição relativa a que estamos destinados, mas cada existência na Terra é uma oportunidade nova de definição do roteiro que poderá facilitar ou dificultar a caminhada.

Muitas vezes, pelo conhecimento do espiritismo, passamos a considerar válidos determinados valores e princípios, mas nem sempre escolhemos colocá-los efetivamente em nossas vidas, porque nos recusamos a fazer uma análise dos caminhos que estamos Trilhando. Apenas seguimos reagindo ao que a vida nos apresenta, aceitando as regras da sociedade competitiva, dedicando nossas horas à aquisição de bens materiais, sem considerar que precisamos estabelecer um tempo para o desenvolvimento dos valores espirituais. Essa atitude gera uma série de problemas em nossa vida, inclusive cria o pano de fundo para que se instale uma sensação de vazio, o vazio existencial de que fala Victor Frankl, que gera depressão e outros males do mundo moderno.

Você pode escolher as suas razões sem examinar se elas estão envelhecidas ou não. Você pode escolher a comodidade, o "seu pirão primeiro", como diz o velho ditado - "se a farinha é pouca, o meu pirão primeiro" -, você pode escolher responsabilizar o outro pela sua infelicidade, você pode muita coisa... Você pensa que é dono de si, mas não é bem assim... Todas as nossas escolhas resultam dos registros que temos dentro de nós e, se esses registros estão equivocados, aí sim o 'bicho pega'!

Esta é uma dica importante: verifique se as suas principais escolhas são coerentes com objetivos que deseja alcançar. Se não são, é preciso ter a coragem de mudar, de buscar outra rotina, escolher outras prioridades, gerar um novo modo de estar no mundo, valorizando mais a intuição que trará subsídios às decisões a serem tomadas no dia-a-dia. De imediato, será necessário colocar como prioridade o autoconhecimento, pelo exercício da meditação diária, como ensina Santo Agostinho.[89] Isso permitirá corrigir a tendência de alimentar a angústia em relação ao passado, às mágoas que estão fixadas em nosso campo íntimo, e a ansiedade quanto ao futuro, pela falta de confiança que se instalou em nós desde o tempo de crianças, pela educação equivocada que recebemos. Assim, teremos espaço psíquico para nos integrarmos plenamente ao presente, ao que a vida nos oferece aqui e agora como recurso de aprendizado e desenvolvimento.

Escolher esse caminho nos tornará indivíduos conscientes de nós mesmos, capazes de perceber as mudanças que continuamente se operam em nosso próprio corpo e afetam nosso campo emocional e, a partir dessa consciência, a comunicação com o outro e com o mundo se tornará mais produtiva, tornando-nos mais abertos à recepção da energia de mais Alto para fortalecer-nos a disposição de prosseguir. Se construirmos para nós uma vida que tenha sentido, seremos capazes de transmitir isso aos nossos educandos, sejam os nossos filhos ou os nossos alunos.

---

[89] KARDEC, Allan. *O livro dos espíritos*, questão 919.

Quinta Unidade

O Desenho Infantil

Por : Beatriz Guida Flora

Vontade e Fé

Por: Renata Guizzardi

1. O Desenho Infantil

Ana Beatriz Guida Flora[90]

Toda criança desenha, mesmo que não esteja aparelhada adequadamente, por exemplo, com folha e giz de cera, para tal registro. Porém, a criança sempre encontrará outros meios: tijolos ou carvão sobre o asfalto; giz de lousa na lousa ou na calçada; com o dedo na areia ou no ar, ou mesmo com exclamações do tipo: - Mãe, olha: fiz um raio com as pernas!.

Sabe-se também que, para desenhar, assim como para brincar, a criança nem sempre encontrará em seu ambiente o material disponível, com fácil acesso. Muitas vezes, fazer um desenho torna-se uma atividade secundária, pois requer um adulto próximo, cuja atenção esteja na criança, para que ela não saia desenhando em lugares impróprios, como paredes e mesas, por exemplo.

Galvão (2007, p. 02) nos fala que:

> Desenhar para a criança constitui uma atividade integradora, que coloca em jogo as inter-relações do ver, do pensar, do fazer e dá unidade aos domínios perceptivo, cognitivo, afetivo e motor.

[90] Especialista em Educação Infantil, residente em Ribeirão Preto, S. Paulo.

É interessante perceber que muitos professores da educação infantil ignoram essa capacidade integradora da criança com o meio em que vive e, consequentemente, ignoram também a característica de que, assim como os seres humanos, o desenho vai evoluindo e se modificando.

Sendo assim, como esclarecer ao professor de educação infantil sobre o desenho da criança? Qual o significado do desenho infantil? Como se dá a interpretação do grafismo infantil? Como ajudar o educador diante da leitura do desenho de uma criança?

Sabe-se que existem estudos de natureza diversa, em que o desenho é dividido em etapas, segundo a variação da faixa etária infantil, entretanto este trabalho tem o objetivo primeiro de trazer, para o professor de educação infantil, uma breve reflexão sobre esse tema, possibilitando um aprofundamento nesta linguagem. Através do desenho infantil, pode-se adquirir uma noção das etapas do desenvolvimento do desenho como reflexo do amadurecimento corpóreo de 0 a 6 anos. Contextualizando o desenho segundo essa visão, amplia-se a percepção sobre a criança, alargando o campo de observação sobre as suas expressões.

Como Ignácio (1993, p. 62) esclarece:

> O desenho infantil é um livro aberto para o educador. Através dele, o educador pode observar o desenvolvimento da consciência da criança e o estado de seu amadurecimento corpóreo.

Derdyk (2003, p. 140) diz:

> A diferenciação e a identificação de formas demonstram a existência da memória, da seleção de interesses, de uma habilidade motora. Demonstram também a existência de um projeto mental, de uma intenção manifesta.

A espontaneidade diz respeito àquele impulso da criança que a faz desenhar. A criança desenha para se expressar – uma parte de si mesma que se desnuda espontaneamente diante do nosso olhar.

Segundo Derdyk (2003, p. 50):

> A criança desenha, entre tantas outras coisas, para divertir-se. Um jogo que não exige companheiros, onde a criança é dona de suas próprias regras. Nesse jogo solitário ela vai aprender a estar só, 'aprender a só ser'. O desenho é o palco de suas encenações, a construção de seu universo particular.

A criança, quando rabisca, faz isso pelo prazer que o movimento lhe dá, e o papel (rua, parede ou tela) torna-se um prolongamento dela mesma. O gesto é o que importa e este, cheio de vitalidade, vem carregado de intenção e significado, muitas vezes indecifrável para o adulto, que busca sempre uma referência, uma leitura do que ali foi traçado. Porém, a essência do traço é gestual, rítmica e orgânica - uma expressão que traduz uma atividade interna.

Segundo Vygotsky (1990, apud FERRAZ; FUSARI, 1993, p. 65):

> [...] os gestos estão ligados à origem dos signos escritos, como no domínio dos rabiscos das crianças. Em experimentos realizados para estudar o ato de desenhar, observamos que frequentemente as crianças usam a dramatização, demonstrando por gestos o que elas deveriam mostrar nos desenhos; os traços constituem somente um suplemento a essa representação gestual. Uma criança que tem que desenhar o ato de correr começa por demonstrar o movimento com os dedos, encarando os traços e pontos resultantes no papel como uma representação do correr.

Assim, por meio do desenho, a criança, independentemente da cultura na qual está inserida, desenha livremente, criando e recriando formas expressivas para falar de si mesmas numa atividade integradora com seu meio. A produção gráfica assume um registro característico e particular, variando conforme a idade e o momento de vida da criança.

4.1. O DESENVOLVIMENTO DO DESENHO

Ao se reconhecer o desenvolvimento da criança, a fase específica em que ela se encontra, oferece-se o estímulo que ela necessita e, consequentemente, ampliam-se as possibilidades para o seu desenvolvimento corpóreo, atingindo também uma sensibilização dos sentidos em que a base essencial para a autoexpressão infantil se fortalece e se realiza. É nesse contexto que a criança encontra os caminhos adequados para interagir com o seu meio ambiente.

Desde o nascimento, o cérebro infantil está em constante evolução através de sua inter-relação com o meio. A criança percebe o mundo pelos sentidos, age sobre ele e esta interação se modifica durante a evolução, entendendo melhor, pensando de modo mais complexo, comportando-se de maneira mais adequada, com maior precisão práxica à medida que domina seu corpo e elabora mais corretamente suas ideias. (LEFÈVRE, 1989, p. 23.)

No primeiro ano de vida, a criança conquista o aprender a andar, sendo que se podem encontrar crianças mais ativas e que, antes do primeiro ano já podem dar os primeiros passos, ou mesmo demoram mais que 12 meses para adquirir essa capacidade. Vale ressaltar que o que importa é respeitar o ritmo que cada criança apresenta e, nessa fase, o melhor estímulo é a presença amorosa do adulto que a faça sentir-se segura para que as conquistas se realizem. Para Wallon (1968, apud FERRAZ FUSARI, 1993, p. 64):

> (...) a origem do desenho está no gesto, mesmo quando o traço tenha começado de modo casual, sendo que as garatujas da criança pertencem à mesma época que seus primeiros passos.

Ignácio (1993, p. 15) diz a esse respeito:

> No primeiro ano de vida, amadurece principalmente o sistema neurossensorial. Sob a influência do aprender a andar, o cérebro é plasmado, os órgãos dos sentidos se desenvolvem.

Por volta dos dezoito meses, aparecem os primeiros registros gráficos da criança. O desenho aparece como se fosse a extensão do corpo, do movimento infantil – como se fosse uma dança, a criança desenha ativamente, ainda sem nenhum controle, intenção ou noção do tamanho do papel.

Os primeiros traços são, geralmente, fortuitos e a criança parece não se aperceber de que poderia fazer deles o que quisesse. Variam em comprimento e direção, embora possam repetir-se algumas vezes, à medida que a criança movimenta o braço para trás e para frente. Além disso, ela pode estar olhando para outro lado, enquanto faz esses traços, e continua ainda garatujando. A qualidade do traço varia frequente e consideravelmente, com alguns resultados acidentais.[91]

Nas primeiras tentativas de desenhar, reconhecem-se dois tipos de movimentos: circulares e pendulares. Greig (2004, p. 19) diz:

> O movimento circular e o movimento de vaivém constituem assim, os dois rabiscos de base: constata-se sua presença em todos os trabalhos sobre as produções precoces das crianças.

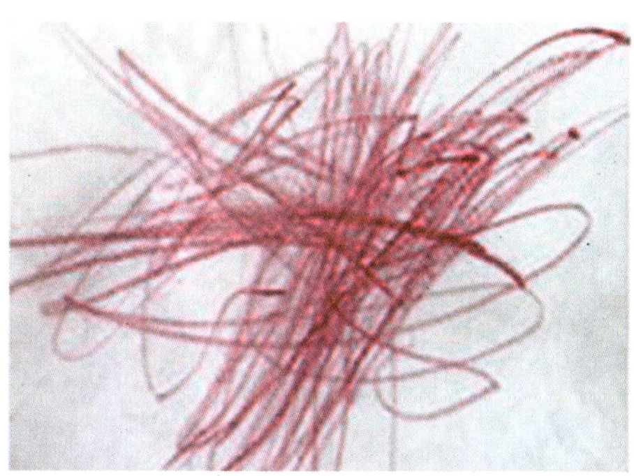

Por volta do segundo ano de vida, a criança amplia sua percepção sobre si mesma, quando reconhece seu desenho como expressão do

[91] LOWENFELD; BRITTAIN, 1970, p. 117.

seu movimento - é como se ela descobrisse a conexão entre o seu corpo e o gesto expresso. Essa percepção se dá, não por uma abstração do seu pensamento, mas ela acontece em decorrência do controle visual sobre o que está fazendo.

> Aos dois anos, começa o controle visual do traçado, primeiro o controle simples, o do ponto de partida que permite a acoplagem de um novo traçado a um traçado existente. (GREIG, 2004, p. 21.)

Nessa etapa da vida infantil, a conquista do domínio visual sobre o motor é muito importante e, aos poucos, os movimentos caóticos vão se organizando; a criança desenha traços permeados de intenção onde, com a conquista do aprender a falar, começa a atribuir nomes às suas expressões gráficas.

> A vida do organismo da linguagem se inicia no momento do nascimento; quando a corrente de ar penetra no corpo e com o primeiro grito se realiza a formação do som, foi dado o início. Durante o período embrionário, esse organismo da linguagem repousou; estava sendo construído e formado. Agora, porém, sua atividade se inicia e possibilita à criança aprender gradualmente tanto a linguagem como o falar (KÖNIG, 1995, p. 34.)

Agora, a criança está mais falante, iniciando construções mais elaboradas no nível do intelecto, tendo a fala como representação. Assim, suas percepções vão sendo denominadas e o processo mental vai se desenvolvendo, expressando a conexão entre ela e o mundo.

Belintane (2005, p. 52) esclarece ao dizer:

> Na abordagem vygotskiana, a criança, ao aprender a linguagem falada, já verbaliza o pensamento - torna-o suscetível à repetição e à análise - e, ao mesmo tempo, lançando mão de suas construções intelectuais, intelectualiza a fala.

Isso expressa uma transformação na forma de a criança reconhecer o mundo.

O ato de denominar o mundo (mesa, cadeira, árvore...) denota uma forma de pensar este mundo sem que, necessariamente, estes conceitos apareçam desenhados de forma figurada.

Das formas circulares, vão aparecendo vários círculos abertos e, das formas pendulares, surge a cruz - tanto a cruz quanto o círculo fechado dão-se por volta do terceiro ano de vida.

Segundo Greig (2004, p. 21 e p. 31):

> A integração completa do olhar com os movimentos da mão e dos dedos conduz ao duplo controle, que se refere ao mesmo tempo ao ponto de partida e ao ponto de chegada, permitindo a realização do círculo, por volta dos três anos.

É com grande alegria que a criança fecha o círculo! Elas enchem a folha de bolas ou cruzes em repetidos desenhos, como se buscassem uma autoafirmação.

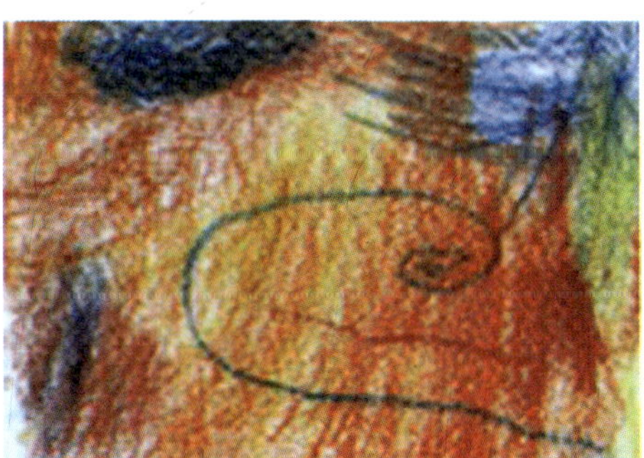

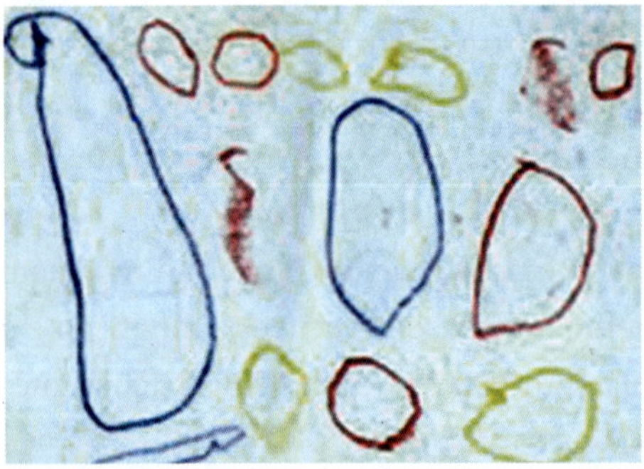 

Para Derdyk (2003, p. 75 e p. 90):

> As formas se relacionam, se justapõem, se repetem. Aparecem bolinhas enfileiradas, cruzinhas que se sobrepõem, uma bola grande cheia de bolinhas dentro, pontinhos que se agrupam ocupando uma forma oval. [...] O círculo elevado ao estatuto de forma fechada, de corpo, de objeto, ganha importância. Gera a noção de autonomia, atribuindo a cada signo gráfico um sentido de permanência.

Assim, conforme o cérebro amadurece, a percepção aumenta e a expressão gráfica infantil se torna mais elaborada.

Sabe-se que, em todas as fases do desenho infantil, o mais importante é a compreensão do momento e o incentivo do adulto. Entretanto, nesta primeira etapa do desenho, em que formas circulares se expressam e demonstram o amadurecimento cerebral, ao educador cabe oferecer tamanhos diferenciados de papel, assim como texturas diferenciadas. Lowenfeld e Brittain (1970, p. 137), fazem um importante alerta aos educadores a esse respeito:

> Qualquer material artístico deve facilitar a expressão, em vez de constituir um obstáculo, pois, nessa etapa, a necessidade de controlar os movimentos cinestésicos assume suprema importância.

Vale lembrar que desenhar em pé, sentado ou deitado possibilita à criança experiências corporais diferenciadas que ampliam os sentidos e as percepções visuais e motoras, que enriquecem a noção de si mesma e do traçado desejado.

Derdyk (2003, p. 64) reafirma os dizeres acima comentados:

> Seria interessante repensar o espaço físico proporcionado à criança para desenhar, a fim de promover várias situações espaciais e corporais [...] O desenhar em pé possibilita uma amplitude gestual [...] O desenhar deitado possibilita gestos mais intimistas e confidenciais. O desenhar sentado estabelece uma relação entre a criança e o peso do seu próprio corpo apoiado no pulso e no cotovelo. E, de repente, o papel é maior que a criança, a criança é maior que o papel, promovendo relações distintas de força.

Diante dessa expressão gráfica infantil, o educador precisa ter cuidado com o que diz, também em relação às denominações que a criança faz, pois, como o desenho não é figurativo, sua conversa tanto pode inibi-la, quanto estimulá-la. Porém, como a criança está em ple no desenvolvimento, precisa ser verdadeiro e respeitar o fato de que este desenvolvimento seja composto por fases, fisicamente falando e, também, graficamente.

> A necessidade de nomear está muito presente na atitude do adulto, que olha para um desenho e logo pergunta: "O que é isso? O que representa?" Existe, por parte do adulto, uma exigência implícita em querer saber o que é aquilo que ele não sabe, o que significam estas garatujas, estes gestos inexplicáveis. Esta atitude, se exagerada, pode inibir o processo de desenvolvimento gráfico da criança. Ela passa a se preocupar, precocemente, em 'figurar', a fim de atender aos apelos veementes que partem do mundo adulto. Em muitos casos, o desenho até enrijece. (Derdyk, 2003, p. 97.)

Depois dos três anos, os círculos começam a irradiar, aparecendo 'sóis' ou 'aranhas' (figurações que lembram esses conceitos), mas Ignácio (1993, p. 68) traz uma bela imagem, quando diz que os raios que ultrapassam os círculos, ora como 'pernas', ora como 'antenas', são "os órgãos de sentidos tateadores", expressando um novo olhar para o mundo, e também o fato de que a criança aprendeu a se autodenominar como 'eu'.

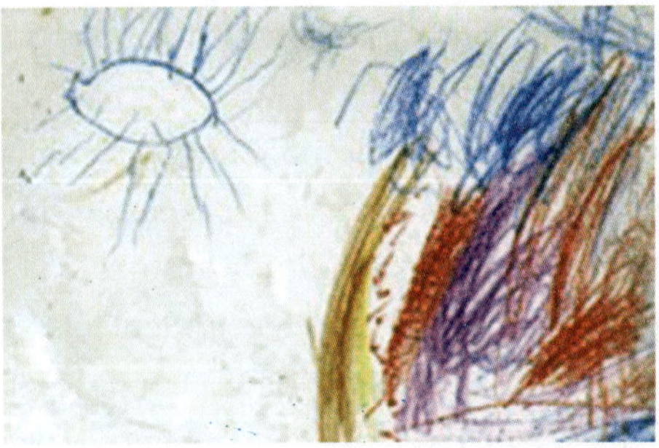
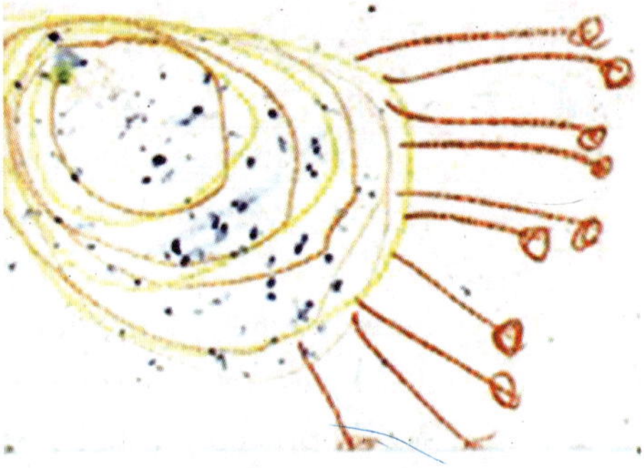

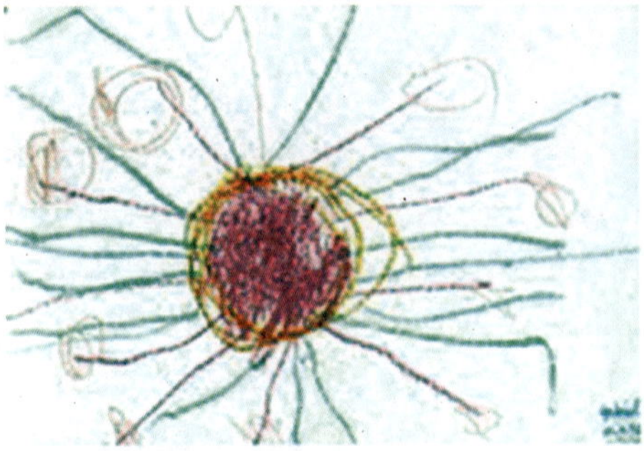

Para Mèredieu (2003, apud DERDYK, p. 76):

> O desenho vai da ação à representação na medida em que evolui da sua forma de exercício sensório-motor para a sua forma segunda de jogo simbólico. O desenho está na categoria de jogo simbólico ou imaginário quando permite à criança exprimir um pensamento individual.

Antes a criança, ao desenhar, estava mais voltada para o cinestésico e uma grande mudança ocorreu a partir do controle visual e da conquista da fala. Quando se autodenomina como 'eu', num primeiro momento de se perceber separada do mundo, surgem formas circulares que irradiam, e a criança, agora, se mobiliza em criar relações com aquilo que pretende representar. Sua percepção do corpo humano se amplia, descobre as cores com toda sua intensidade e a noção espacial ainda se mostra desordenada.

> A criança em atividade fabuladora ou expressiva participa ativamente do processo de criação. Durante a construção ela se coloca uma

> sucessão de imagens, signos, fantasias, que às vezes são mais considerados por ela no momento em que aparecem do que no resultado do trabalho. Estes fatos são muitos importantes para o conhecimento da produção da criança e evidenciam o desenvolvimento e expressão de seu eu e do seu mundo. (Ferraz; Fusari, 1993, p. 56.)

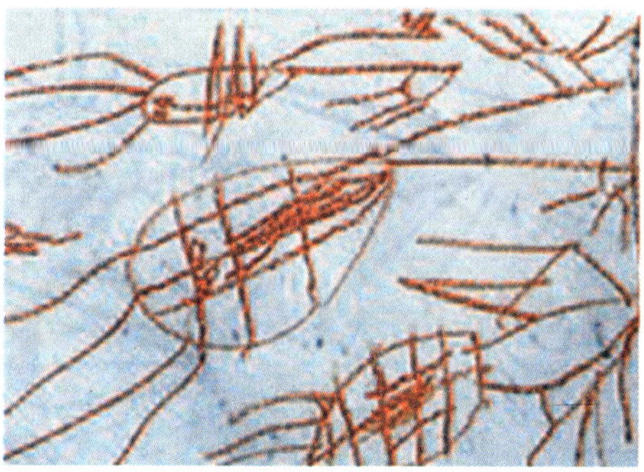

Aos quatro anos, a criança mostra uma nova postura ao brincar - seu comportamento mais fantasioso denota que, fisicamente, está amadurecendo seu sistema respiratório e de circulação sanguínea, com seus órgãos centrais no pulmão e coração.

> O tórax muda sua forma, toda a circulação sanguínea e a respiração tomam uma nova característica. Em consequência disto, a criança sente uma afinidade ainda maior com tudo o que é ritmo. (Ignácio, 1993, p. 19.)

Surge em seu desenho o quadrado e elementos gráficos que se repetem em agrupamentos rítmicos e, também, configurações gráficas que se entrecruzam, permeadas de cores ou não. A vivência de cores nesta fase do desenho traduz uma riqueza de percepções expressa em lindas composições que nos encantam o olhar e, partindo da extremidade da folha, intensificam-se em combinações de forma expressiva e rítmica.

Ao viver o estirão, as costelas ficam mais aparentes e a coluna vertebral se desenvolve, sendo que a criança perde sua aparência de nenê.

> A criança sente alegria e respeito de tudo que é ritmo e tem uma grande necessidade disso. As 'escadinhas' no desenho nos mostram a formação da coluna e do tórax como um todo. O endurecimento do esqueleto às vezes parece uma prisão na qual a criança se encontra. Os primeiros sentimentos de solidão e medo surgem nesta idade. (Ignácio, 1993, p.70)

Até o nascimento do círculo, visualiza-se o processo que caracteriza movimentos nos quais seu traçado motor denota caráter intrínseco ao ser humano. Com a vivência do quadrado, o controle visual se fortalece e permite à criança trabalhar seus desenhos com novas figuras, novas elaborações, num jogo de equilíbrio entre cores e formas, em representações do real e do imaginário. Com o surgimento da linguagem, é possível visualizar a maturação neurofisiológica e, à medida que a criança cresce, surgem também novas habilidades.

Diante do surgimento do quadrado nos desenhos infantis, sabe-se que o sistema rítmico amadurece e aí a repetição ganha força, sendo solicitada em canções, histórias, brincadeiras; formas expressivas e cores surgem repetidamente.

Derdyk (2003, p. 64) tem a seguinte contribuição para o trabalho do educador:

> Geralmente a criança adora ouvir a mesma história, rever um desenho animado, repetir uma brincadeira, revivendo os seus medos, suas angústias, suas surpresas, centenas e centenas de vezes, até seu conteúdo e sua forma se esgotarem e se transformarem, dando vazão a outros interesses. Este experimentar incansável é um dos fundamentos da investigação científica.

A motivação para esta fase pode incluir a relação da criança com o ambiente ou ter como causa a recordação de algo, focalizando a vivência das cores e o desenvolvimento dos sentidos pela diversidade de materiais, criando oportunidades para a livre expressão de seus sentimentos e emoções. Porém "nenhuma tentativa deve ser feita para censurar ou condicionar a expressão criadora infantil". (LOWENFELD; BRITTAIN, 1970, p. 170.)

Piaget (1985, apud BOCK, FURTADO e TEIXEIRA, 2001, p.102 e 103), esclarece sobre a criança do período pré-operatório (2 a 7 anos) quando diz:

> Neste período, o que de mais importante acontece é o aparecimento da linguagem, que irá acarretar modificações nos aspectos intelectual, afetivo e social da criança [...] Com a palavra, há possibilidade de exteriorização da vida interior e, portanto, a possibilidade de corrigir ações futuras. A criança já antecipa o que vai fazer.

Assim, neste período, já aos cinco anos, tem-se a criança mais desperta e pronta para mostrar suas habilidades e capacidade motora. Sua brincadeira, agora, com início, meio e fim, com papéis claramente definidos no jogo simbólico, é anunciada mesmo antes de começar. Essa maturidade também é expressa nos desenhos. Muitas vezes, ao sentar para desenhar, a criança já anuncia o que vai fazer: "Vou fazer uma casa"; "Vou desenhar uma árvore", por exemplo. Surge a forma triangular nos desenhos.

> Os primeiros desenhos ilustrativos surgem por volta dos cinco anos. A criança não desenha mais apenas aquilo que ela é interiormente, mas começa a desenhar o mundo que a circunda. Casinhas, árvores, balões, estrelas aparecem no desenho, misturados com as formas anteriormente descritas. Ainda encontramos figuras que 'voam' pelo espaço. (IGNÁCIO, 1993, p. 71.)

Agora se tem a criança que perdeu completamente as gordurinhas, já espichou e percebe-se que seu corpo está ficando mais musculoso e ágil; ela quer se mostrar no controle de alguns gestos motores, como, por exemplo, o manuseio de pincéis ou lápis mais finos; o estalar de dedos; escalar os portais das portas; costurar; bater pregos ou lixar e, também, pular corda e amarelinha.

O esquema corporal, no desenho, evolui normalmente para além do círculo onde irradiam pernas e pés.

> O corpo pode constituir-se também pelo fechamento do eixo vertical, tomando então uma forma mais ou menos retangular ou trapezoidal [...] A representação do animal prossegue em seguida – animal e personagem compartilham, assim, as mesmas grandes etapas do esboço comum da progressão gráfica. (GREIG, 2004, p. 60 e 72.)

Na pesquisa realizada por Greig (2004, p. 68), ele nos apresenta etapas de uma construção progressiva do esquema corporal, apresentadas a seguir:

Pode-se observar, no que tange à estrutura do desenho, uma divisão dos desenhos, ora mostrados de frente, ora de perfil.

> No plano da estrutura propriamente dita do desenho, [...] a absoluta predominância da apresentação de perfil constitui a diferença mais

> específica do tema: a personagem de perfil é uma modalidade tardia e rara, o animal inteiramente de frente é uma curiosidade excepcional [...] A mesma predileção quase exclusiva pelo perfil em todos os desenhos de meios de transportes, automóveis, trens, aviões ou navios, enquanto que a casa permanece de frente com tanta assiduidade quanto o rosto humano. Animais ou meios de transporte de frente são encontrados apenas em alguns raros desenhos tardios. Geralmente eles aparecem sob forma de 'macetes' aprendidos e estereotipados. (Greig, 2004, p. 72.)

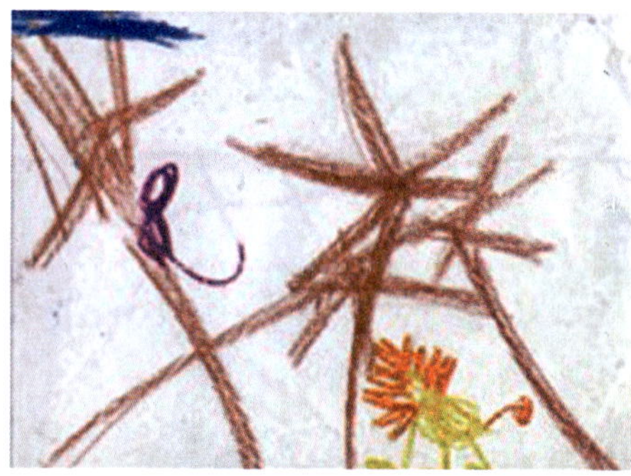

Importa lembrar que, em todo processo de decodificação do desenho infantil, as imagens expressas vão se estruturando conforme se organizam e amadurecem seu desenvolvimento físico, intelectual, emocional e social. Sendo assim, toda elaboração gráfica infantil traduz uma percepção que reflete o desenvolvimento do indivíduo.

À medida que a criança cresce e se exercita, aos seis, sete anos, toda a vivência e percepção do seu meio são expressas em seu desenho, onde já apresenta uma noção espacial organizada. Para Lowenfeld e Brittain (1970, p. 185):

> O primeiro conhecimento consciente de que a criança é parte do seu meio é indicado por um símbolo a que se dá o nome de 'linha de base' [...] A linha de base é universal e pode ser considerada parte tão inerente ao desenvolvimento infantil quanto o ato de aprender a correr ou pular [...] Deste modo, a linha de base parece ser uma indicação de que a criança se apercebeu das relações existentes entre ela própria e seu meio. Passa, então, a colocar tudo nessa linha, que pode repre-

sentar, evidentemente, não só o chão, onde os objetos estão colocados, como também um piso, uma rua ou qualquer outra base em que ela mesma se situa.

Agora a criança desenha céu e terra, cima e baixo, e a riqueza descritiva ao desenhar aumenta, numa tradução de atividades humanas, por exemplo: dirigindo uma nave; escorregando; crianças brincando; catando lenhas etc. Também nessa fase surgem os animais de forma expressiva e aparecem os triângulos como representação dessa nova etapa do grafismo infantil.

Para Ignácio (1993, p. 20):

> O sistema metabólico-motor está amadurecendo. Ao mesmo tempo, na cabeça surge a força do pensar, de planejar [...] Por volta dos seis anos, a criança começa a perder os primeiros dentes de leite. O rosto se transforma, crescendo mais a parte inferior e a boca, para dar espaço à dentição definitiva. Esta fase da troca dos dentes é de uma transformação muito profunda [...] Com quanta alegria as crianças nesta idade esperam pela escola!

São visíveis as transformações físicas das crianças, exteriorizadas numa nova postura, na forma de brincar, novas questões ao dialogar. Todo esse amadurecimento aparece registrado no grafismo infantil. Círculos, quadrados e triângulos estão expressos nas representações do cotidiano da criança, num total domínio motor, uma riqueza no linguajar e a criança sedenta por novos desafios.

Agora, pode-se reconhecer o círculo, o quadrado e o triângulo, num desenho que se mostra bem elaborado, em que as atividades físicas são expressas e bem representadas. Martelar, bordar, lixar, lavar, entre outras coisas, são aquisições motoras que a criança adora experimentar, enriquecendo suas percepções, num pleno domínio de sua corporalidade.

Lowenfeld e Brittain (1970, p.173) esclarecem ao educador sobre a importância do uso de materiais artísticos, dizendo:

> Visto que, nesta idade, a criança está empolgada com sua capacidade de representar o que, para ela, é significativo, qualquer experiência artística deve propiciar a oportunidade de desenvolver o domínio do próprio material. O processo de criação encerra maior significado que

> o produto final, o que quer dizer que o material artístico deve ser selecionado de modo a satisfazer as necessidades do grupo etário para o qual se planejou o emprego desse material.

Supõe-se assim que, à medida que o professor toma conhecimento de todo esse desenvolvimento do desenho, numa tradução do desenvolvimento da corporalidade infantil, sua relação com a criança e toda a produção artística expressa por ela toma novo significado. O professor de educação infantil pode se sentir seguro diante do desenho da criança, mostrando, assim, um olhar mais preciso para o que fazer e oferecer às crianças e o porquê.

Como diz Greig (2004, p. 21):

> O encontro do lápis e do papel, essa banalidade de nossa época, continua sendo, de resto, um acontecimento bastante surpreendente e imprevisível da história da humanidade.

É possível, portanto, visualizar quão rico se mostra o universo dessa linguagem gráfica que, de forma encantadora, percorre todo o desenvolvimento da criança até os seis anos de idade. Da conquista do andar, caminha-se pela linguagem, a fala, e a criança finalmente aprende a falar 'eu', tendo assim o amadurecimento das funções neurossensoriais. Surge o círculo. Em seguida, a criança se afina com os ritmos externos, traduzindo o desenvolvimento do tórax e as forças ali expressas. Aparecem as cores, num balé mágico de composições, em que a respiração toma uma nova proporção. Surge o quadrado. Depois, numa dinâmica linda corporal, exercitando inúmeras possibilidades dos pequenos e grandes músculos, a criança traz o mundo para seu desenho, sabendo muito bem o que quer expressar. Ela troca de dentes; surge o triângulo, e ela se prepara para a alfabetização.

É muito lindo vivenciar essa trajetória junto às crianças!

É importante ressaltar que esse caminho é percorrido por qualquer criança, de qualquer nacionalidade, independentemente do contexto cultural no qual estiver inserida – o que pode acontecer é essa linguagem não ser estimulada, sequer serem oferecidas condições físicas e emocionais para que tal expressão se desenvolva na criança. Entretanto, à medida que nos tornamos conhecedores do processo de aquisição dessa linguagem gráfica que funciona como um diário do desenvolvimento infantil, transformamo-nos, como educadores, diante desse grande inventário!

Ao educador cabe usufruir desse conhecimento referente ao desenho, ao planejar suas atividades. Visualizando o desenvolvimento da corporalidade da criança, é possível atingir suas necessidades, de acordo com o grupo etário, englobando toda potencialidade própria do ser infantil. Para tanto, além do conhecimento propriamente dito, é preciso que haja amor pela criança e por todo trabalho a ser realizado.

2. Vontade e Fé

Renata Guizzardi [92]

Em texto intitulado "Vontade", de seu precioso livro *Pensamento e vida*, Emmanuel nos convida a examinar alguns de nossos caracteres (como a inteligência, o desejo e a vontade), usando a metáfora organizacional para facilitar nosso entendimento. Propõe nosso abnegado instrutor que vejamos nossa mente "como um grande escritório, subdividido em diversas seções de serviço".

A figura 1 ilustra a metáfora proposta.

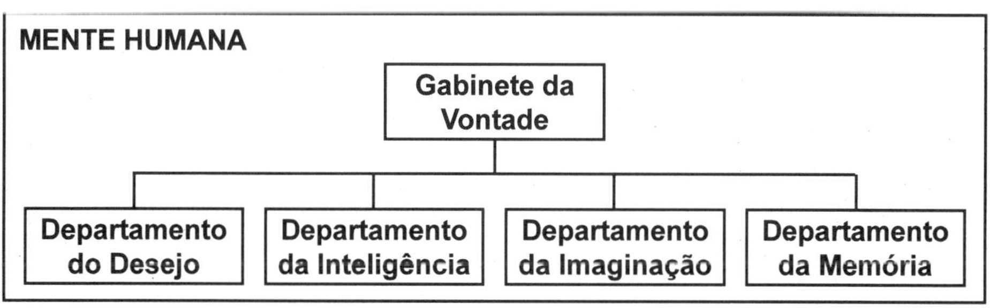

Fig. 1. A mente humana numa visão organizacional, segundo metáfora de Emmanuel, proposta no livro *Pensamento e vida*.

[92] Doutora em Educação, residente em Vitória - ES.
Artigo publicado na revista *Reformador*, dezembro de 2005.

A figura1 mostra a mente humana como uma organização, composta pelos departamentos do Desejo, da Inteligência, da Imaginação e da Memória, todos subordinados ao Gabinete da Vontade. Analisemos essa metáfora com os subsídios que nos dá Emmanuel em relação à função de cada departamento:

- Depto. do Desejo: criar *propósitos* e *aspirações* que estimulem o trabalho;
- Depto. da Inteligência: ampliar o *conhecimento* geral do espírito à medida que evolui;
- Depto. da Imaginação: cultivar o *ideal* e a *sensibilidade* do espírito;
- Depto. da Memória: arquivar *experiências* que definem os investimentos passados do espírito.

Com essas definições ao mesmo tempo belas e claras, Emmanuel nos ensina os objetivos que devemos perseguir: *propósitos* e *aspirações* enobrecedores, *conhecimento, ideal, sensibilidade* e *experiência.* Essas aquisições são verdadeiras riquezas espirituais, bastante diversas dos bens materiais, que, muito frequentemente, insistimos em acumular, sem nos apercebermos de que não têm utilidade qualquer senão transitória, neste mundo em que vivemos por pouco tempo, em relação à eternidade. A partir das informações acima, podemos analisar casos para um aprendizado mais prático. Vejamos os exemplos a seguir, cujas personagens e ações são fictícias, não obstante construídas por observações reais e corriqueiras da vida cotidiana:

Caso 1: Inteligência x Desejo

Filomena é uma mulher muito inteligente, capaz de planejar estratégias para seu futuro, bem como de perseguir e executar esses planos. Seu maior desejo é ser rica e famosa. Certa vez, percebe uma oportunidade de progredir em sua carreira, mas, para isso, causará prejuízo a um companheiro de trabalho. Filomena não pensa duas vezes: persegue seu objetivo, mesmo prejudicando o colega, e consegue a promoção a que tanto aspira.

Caso 2: Imaginação x Inteligência

Joaquim é dotado de grande sensibilidade, procura sempre tornar o mundo melhor, entretanto, apesar do incentivo dos pais, não se dedicou aos estudos e, por isso, perdeu a chance de uma ação mais ampla, pela combinação da sensibilidade com o desenvolvimento da inteligência, para provocar mudanças mais profundas na sociedade.

Caso 3: Desejo x Memória

Kadu é um menino curioso e bom, deseja ser cantor, para sensibilizar os corações humanos com melodias sublimes, entretanto, por ter sido espírito bastante preguiçoso nas encarnações anteriores, não acumulou grande experiência no campo artístico, sendo incapaz de praticar o canto na presente vida terrena.

Esses casos mostram-nos que, em nossas vidas sucessivas, sempre damos ênfase a algumas das habilidades que devemos desenvolver, esquecendo-nos de outras tão importante quanto as primeiras. O que fazer para evitar isso daqui pra frente? Como cuidar para que possamos equilibrar melhor as funções dos citados departamentos? A resposta está na metáfora proposta, que é ainda mais profunda, nos mostrando que todos esses departamentos só funcionam bem se houver *justo e preciso gerenciamento* do Gabinete da Vontade. E qual seria a implicação de toda essa informação em nossa vida cotidiana? É difícil imaginar que tal modelo tenha sido proposto para que vigiemos e julguemos a vida alheia. Ao contrário, o modelo objetiva nos levar à análise sistemática de nosso próprio ser profundo para identificarmos o desequilíbrio em nossos departamentos mentais, permitindo-nos, assim, corrigir em tempo as falhas da nossa própria vontade em relação à meta evolutiva.

Se nos identificamos com Filomena, dediquemos nosso tempo à correção de nossos desejos, propondo a nós mesmos que nos coloquemos na posição dos que compartilham de nosso caminho para verificar as consequências que terão nossas escolhas, antes de fazê-las. Assim, estaremos movendo nossa *vontade* na direção de usarmos a inteligência que adquirimos a favor do próximo e, consequentemente, a favor de nós mesmos, e estaremos dando passos firmes em direção ao bem.

Por outro lado, se percebermos uma semelhança entre nós mesmos e Joaquim, procuremos dedicar mais tempo aos estudos, aos programas de TV com conteúdo educativo e às conversações úteis. Dessa forma, novamente por *vontade* própria, poderemos aplicar a sensibilidade que possuímos com maior proveito para todos os seres do planeta. Não seria isso motivo de tanto prazer e felicidade para nós mesmos?

E, por fim, se Kadu é aquele a quem mais nos assemelhamos, procuremos exercer a *vontade* para expandir nossas possibilidades, aprendendo ofícios diversos nos campos das artes, dos esportes, entre tantos outros. Lembremos que a experiência pode nos ser útil nesta ou em futuras encarnações e, portanto, não devemos dar margem ao desânimo e ao ócio. Como esses casos, podemos imaginar muitos outros que nos darão oportunidades de verificarmos o que precisamos fazer para melhorar o funcionamento do Gabinete da Vontade, cuja função de gerência nos é tão preciosa!

Gostaríamos, neste momento, de chamar a atenção do leitor para a figura 2, em que propomos contribuição humilde, porém interessante, ao trabalho de Emmanuel.

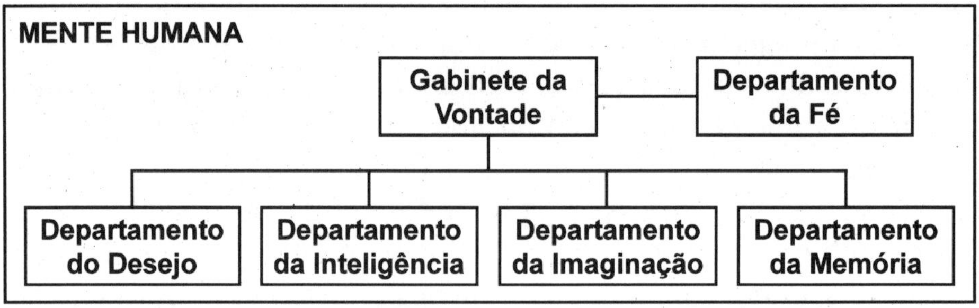

Fig. 2. A Metáfora Organizacional da Mente Humana, acrescida do Departamento da Fé

A figura 2 exibe praticamente o mesmo modelo apresentado na figura 1, apenas com um departamento a mais, o Departamento da Fé. Sabemos que, em diversas organizações terrenas, como escritórios e companhias, existem, além dos departamentos e gabinetes principais, outros setores que prestam serviço auxiliar, porém de grande importância, à organização. Esse é o caso, por exemplo, do departamento financeiro em uma firma de engenharia civil. Apesar do trabalho da firma ser voltado à construção de imóveis, a organização não prescinde de um setor que cuide dos pagamentos de funcionários, da contabilidade dos lucros, de investimentos etc.

Em nosso entendimento, a fé e a vontade são complementares. Nesse sentido, afirmamos que o Departamento da Fé e o Gabinete da Vontade proveem estímulos um ao outro. Por exemplo, sem termos bastante crença de que seremos capazes de cantar bem um dia (como deseja Kadu), dificilmente somos impelidos, ou seja, movemos nossa vontade na direção de aprendermos a cantar; e, à medida que aprendemos o canto, incentivados pela fé em nós mesmos, vamos tendo mais e mais vontade de cantar ainda melhor. Por outro lado, essa mesma situação pode ser vista de maneira inversa. Pode ser que, por influência do desejo ou da inteligência, decidamos mover nossa vontade na direção de aprender a cantar, sem que tenhamos muita fé em nossas habilidades artístico-musicais; depois, à medida que vamos exercendo a vontade e exercitando o canto, a fé de que conseguiremos alcançar nosso objetivo cresce, até se tornar bem grande, culminando no momento em que percebemos, com alegria, que estamos cantando muito bem! Assim, podemos enxergar o funcionamento desses dois setores como um círculo de estímulos mútuos, como mostra a figura 3.

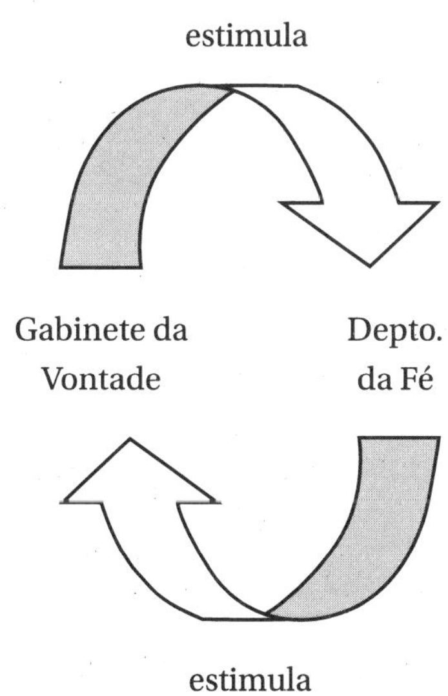

Fig. 3. Círculo de estímulos mútuos entre a vontade e a fé

Ao observar figura 3. e tendo em vista as afirmações anteriores, podemos concluir que, se nossa vontade é ainda muito pequena para que nos movamos em direção aos nossos objetivos evolutivos, talvez um bom começo para nossa transformação seja trabalharmos a nossa fé para que ela forneça o estímulo necessário à nossa vontade, levando-nos finalmente à tomada de atitude necessária ao nosso crescimento.

Apesar de estarmos ainda muito aquém das possibilidades e conquistas de nosso irmão Emmanuel, estamos certos de que ele aprovaria a inclusão do Departamento da Fé no modelo organizacional da mente que propôs. O que nos motiva a pensar assim são suas próprias palavras sobre a fé, quando diz: "Todas as operações da existência se desenvolvem, de algum modo, sob a energia da fé".[93]

Com estas reflexões, analisemos, com cuidado, se temos dado a devida importância à vontade e à fé em nossas existências, ou se temos priorizado os interesses da matéria efêmera em detrimento dos valores eternos do espírito. Nesse contexto, gostaríamos de concluir, deixando mais uma afirmativa brilhante da página aqui focalizada, para reflexão de nosso(a) leitor(a):

> O cérebro é o dínamo que produz a energia mental, segundo a capacidade de reflexão que lhe é própria; no entanto, na Vontade temos o controle que a dirige nesse ou naquele rumo, estabelecendo causas que comandam os problemas do destino.

[93] XAVIER, Francisco Cândido. *Pensamento e vida*. Pelo Espírito EMMANUEL Capítulo "Fé".

3. Ampliando As Reflexões

O texto da articulista, no capítulo anterior, é bastante didático e nos permite excelente material de reflexão sobre a mente humana. Sabe-se que a inteligência envolve uma multiplicidade de habilidades, algumas mais específicas como os talentos ou dons musicais, para o desenho, a corporal-cinestésica ou a espacial, outras mais genéricas como as habilidades linguísticas, a lógico-matemática, todas inter-relacionadas entre si. Numa abordagem integradora como a que estamos propondo, a partir do que o espiritismo ensina, é preciso perceber a criança como um todo, não apenas um corpo que age, ou uma cabeça que pensa, matizado por emoções, mas tudo isso junto, como vários conjuntos em intersecção. A criança é um espírito reencarnado, temporariamente impedido de expressar mais claramente suas conquistas interiores, por causa do período da infância, que a coloca mais suscetível ao processo de educação.

Cabe aqui um estudo sobre inteligência emocional, pois a emoção existe em nós, interfere de forma mais ou menos favorável no nosso desempenho como um todo, facilitando ou dificultando nossas percepções e relações, das mais concretas às mais abstratas. A interferência das emoções nos leva a atuar de forma inteligente, a nosso favor ou contra nós.

A expressão *inteligência emocional* foi criada por psicólogos da Universidade de Yale - Peter Salovey e John Mayer - e foi difundida mundialmente pelo psicólogo, filósofo e escritor Daniel Goleman. A expressão foi criada para designar a capacidade de sentir, entender, controlar e modificar estados anímicos. As habilidades práticas da inteligência emocional são cinco, e podem ser classificadas em duas áreas:

1. INTELIGÊNCIA INTRAPESSOAL (internas, de autoconhecimento)
2. INTELIGÊNCIA INTERPESSOAL (externas, de relação)

Ao primeiro grupo, pertencem três habilidades: a) a autoconsciência (capacidade de saber o que acontece em nosso corpo e o que estamos sentindo); b) o controle emocional (regula a manifestação de uma emoção e/ou modifica um estado anímico e sua exteriorização); c) a capacidade de motivar-se e motivar os demais.

Ao segundo grupo, pertencem duas habilidades: a) a empatia (entender o que estão sentindo outras pessoas, ver questões e situações de sua perspectiva); b) as habilidades sociais (habilidades ligadas à popularidade, à liderança e à eficácia interpessoal, e que podem ser usadas para persuadir e dirigir, negociar e resolver disputas, para a cooperação e o trabalho em equipe).

A partir desse conhecimento, podemos aprender a controlar as explosões temperamentais, reduzindo sua intensidade, sua duração ou as duas coisas simultaneamente. As cinco habilidades práticas da inteligência emocional são úteis para quatro áreas fundamentais de nossa vida: 1) proporcionam bem estar psicológico, base para o desenvolvimento harmônico e equilibrado de nossa personalidade; 2) contribuem para nossa boa saúde física, moderando ou eliminando padrões e/ou hábitos psicossomáticos danosos ou destrutivos, e prevenindo enfermidades produzidas por desequilíbrios emocionais permanentes (angústia, medo, ansiedade, ira, irritabilidade etc.); 3) favorecem nosso entusiasmo e motivação. Motivação e emoção têm a mesma raiz latina (*motere*), que significa mover-se (acercar-se do é agradável ou afastar-se do desagradável). Grande parte de nossa motivação em distintas áreas da vida está baseada em estímulos emocionais; 4) permitem um melhor desenvolvimento de nossas relações com as pessoas, na área familiar, social e profissional. Neste último plano, a inteligência emocional significa levar a um nível ótimo a relação entre as pessoas: determina que tipo de relação teremos com nossos subordinados (liderança), com nossos superiores (adaptabilidade) ou com nossos pares (trabalho em equipe).

Em *O livro dos espíritos,*[94] aprendemos que o homem haure a força para progredir em si mesmo, pela sua criação divina, mas o progresso pode ser fruto do ensinamento, na medida em que os mais adiantados ensinam aos menos adiantados e é preciso enfatizar que só alcançaremos a felicidade, quando houvermos atingido o aperfeiçoamento nos dois sentidos; intelectual e moral, sendo o progresso moral consequência do progresso intelectual. Entendemos que será pela superação da ignorância que poderemos combater o egoísmo, grande causa dos nossos males reais, atingindo o progresso moral que nos poderá garantir a felicidade desejada.

Fazendo uma abordagem comparativa entre o que propõe os estudiosos da inteligência emocional e o ensinamento sobre o homem de bem, temos:

Inteligência emocional		O verdadeiro homem de bem
Inteligência intrapessoal	Inteligência interpessoal	Pratica a autoanálise
Autoconsciência	Empatia	Cumpre a lei de justiça, amor e caridade; usa, mas não abusa dos bens; Respeita todos os direitos alheios;
Controle emocional	Habilidades sociais: liderança, popularidade, eficácia interpessoal	Tem fé; é indulgente Se na posição de chefe, trata bem os subalternos; Se na posição de subalterno, cumpre seus deveres;
Capacidade de motivar-se e motivar os outros		Não aponta defeito nos outros; não se envaidece do que tem; não alimenta ódio.

[94] Kardec, Allan. *O livro dos espíritos.* Terceira Parte, cap. VIII.

Mas este é o momento de nos debruçarmos mais profundamente sobre o que pode nos ajudar a desenvolver os atributos do homem de bem. Quais são os conhecimentos necessários para vencer a ignorância e como obtê-los. Vivemos num mundo tão complexo, com tantas possibilidades, que será preciso pensar a essência, o foco dessa busca.

Em 1998, Jacques Delors, por solicitação da Unesco, coordenou uma comissão internacional encarregada de pensar sobre a educação para o século 21, e as teses importantes que surgiram desse trabalho compuseram o relatório Delors, também intitulado "Educação: um Tesouro a Descobrir". A comunidade educacional brasileira acolheu com entusiasmo as propostas desse documento, que passaram a integrar os eixos norteadores da política educacional. O importante é perceber que ele fortalece a ideia de que "uma educação só pode ser viável se for uma educação integral do ser humano."[95] A proposta é de quatro pilares da educação: aprender a ser, a fazer, a conviver e a conhecer. Remetemos o leitor ao excelente livro de Sandra Borba,[96] em cujo capítulo 2 é feita uma abordagem dos quatro pilares do relatório Delors, mostrando que estão inteiramente contidos na proposta pedagógica de Jesus. Sandra conclui este capítulo, dizendo:

> O relatório Delors, em sua essência, representa um apelo ao homem cansado dos dias atuais de contradições, violências sociais, medos, injustiças sociais no sentido de que ele possa encontrar-se consigo mesmo na descoberta do 'tesouro' que traz em si, como um diamante sob o cascalho, necessitando do burilamento pelas ferramentas educativas do conhecer, do fazer, do conviver e do ser.
>
> Hoje, no início do século 21, como outrora, estamos necessitando de uma educação universal e de qualidade, para todos, capaz de garantir qualidade de vida e vida em abundância.

Na verdade, a grande indagação que surge e a que vem instigando pensadores de todos os tempos é não só como aprender e o que é conhecer, mas também de que modo nos apropriamos do conhecimen-

---

[95] MORIN, Edgar. *Os sete saberes necessários à educação do futuro.*

[96] PEREIRA, Sandra Borba. *Reflexões pedagógicas à luz do evangelho.*

to e a partir de que momento esse conhecimento se incorpora ao que somos e fazemos.

No limiar de uma nova era, cujas bases precisarão se assentar em um novo paradigma, a doutrina espírita apresenta uma nova leitura do *Evangelho* e um arcabouço filosófico capaz de fundamentar uma pedagogia nova e revolucionária, mas sua ação permanece ainda restrita a um movimento minoritário dentro do contexto social, por isso queremos destacar aqui que já se sabe que o fenômeno do conhecer não decorre da existência de objetos fora de nós que podemos captar e armazenar na cabeça, mas resulta da nossa interação com o mundo e com os outros. O ato de conhecer que precisa ser proposto é o ato de nos voltarmos sobre nós mesmos, de refletir, de analisar nossas certezas e conhecimentos, reconhecendo que as certezas e os conhecimentos dos outros são, respectivamente, tão nebulosos e tênues quanto os nossos.

Com convicção, podemos definir que a humildade precisa ser base deste novo tempo na educação, por nos permitir reconhecer que nossas certezas não são provas da verdade, porque o mundo que cada um de nós vê é, na verdade, um mundo que produzimos na interação com aqueles com quem convivemos. Simultaneamente, precisamos implementar um modo de viver em que o outro também tenha lugar e no qual possamos, com ele, construir a experiência amorosa que produz alegria e crescimento espiritual e buscar o autoconhecimento, recurso reiteradamente indicado pelos espíritos (*O livro dos espíritos*, perg. 919), pois esse voltar-se para dentro de si mesmo é que conduz à vitória contra a cegueira que caracteriza o dia-a-dia de seres imersos numa cultura que precisa ser transformada.

Jesus nos alertou quanto a isso: "Buscai o reino de Deus e sua justiça e tudo o mais vos será dado por acréscimo".[97] Essa afirmativa tem sido examinada em todos os tempos e, agora, pode ser entendida com mais adequação, pelo esclarecimento espírita: buscar o reino de Deus significa desenvolver o entendimento das leis que regem a vida, e a palavra 'justiça', no contexto da fala do Cristo, não remete a julgamentos e tribunais, mas, como bem esclareceu Pastorino,[98] tem a conotação de

---

[97] Lucas, cap. 12, v. 31.

[98] Pastorino, Carlos Tôrres. *Sabedoria do evangelho*. Volume 2 "O Sermão do Monte".

justeza, ajustamento. O ensinamento de Jesus poderia então ser traduzido assim: "ajuste-se às leis naturais que regem a vida, porque elas são determinismos divinos; agir contra elas é semear a perturbação, o desequilíbrio e candidatar-se ao sofrimento." É notável a síntese do Espírito de Verdade: "amai-vos e instruí-vos."

Sexta Unidade

A Evangelização Infantil Espírita

1. A Educação Infantil Exige Movimento e Alegria

A dinâmica do desenvolvimento infantil é a dinâmica da noção corporal. Embora saibamos que o ser humano seja tríplice: corpo, perispírito e alma, o corpo não é uma realidade preexistente, ele vai sendo construído na experiência do corpo vivido na relação com o outro. O corpo, por uma síntese original, é a gênese das noções de espaço e tempo, básicas e fundamentais nas elaborações e aquisições cognitivas futuras.

Dessa forma, a escola de evangelização na casa espírita não pode ser apenas um lugar de transmissão do conhecimento da moral cristã, mas um lugar onde os pais podem ficar tranquilos, porque nele se produz conhecimento, cultura e muito mais: estrutura-se o indivíduo. Se estamos buscando o indivíduo integrado, o processo educacional, em qualquer área do saber, passa pelo corpo, não apenas um corpo racional e instrumental, mas um corpo de dimensão pulsional, onde o prazer e o desejo devem contar. Assim, as aulas de evangelização não devem ser chatas, monótonas e moralistas, mas devem oferecer à criança segurança e conforto, prazer e criatividade, movimento e alegria.

Se prestarmos atenção, veremos que todo pensamento é expresso através do nosso corpo, de alguma forma (gestos, mímicas, expressões...) e, sem o corpo, não existiríamos aqui na Terra, ou seja, não seríamos visíveis. O corpo é nossa casa, lugar onde, na condição de encarnados, somos plenamente. Temos que levar as nossas crianças a se harmonizarem, considerando corpo e mente, porque o corpo gera sensações, emoções e imagens, uma percepção visual do mundo e para o mundo.

O conhecimento deve ser vivido com alegria e prazer. A brincadeira para as crianças é como a respiração, fundamental. Brincando, ela conhece o próprio corpo e compreende o mundo. E o que não se pode esquecer no brincar é a fantasia. Como diz Paulo Freire: "Viajando pela fantasia a criança vai longe. Conhece coisas que nós adultos já vivemos e esquecemos." Ela precisa de liberdade para criar uma história e brincar.

O programa que vamos propor neste capítulo é para ser desenvolvido nas escolas de evangelização espírita, com crianças de 0 a 6 anos de idade, mas pode ser adaptado também às crianças de 7 a 14 anos, modificando apenas as atividades apresentadas, que podem também ser utilizadas pelos pais, em casa, nos momentos que tiverem para estar com seus filhos.

Apresentando este programa, queremos mostrar a possibilidade de implementar, no trabalho de evangelização desenvolvido pelas instituições espíritas, uma metodologia mais moderna, baseada na filosofia construtivista da educação, que se mostra mais adequada aos ideais que abraçamos. O programa está dividido em quatro projetos e se fundamenta no "Conteúdo básico da pré-escola" aprovado pela nova *Lei de Diretrizes e Bases da Educação* (*Lei nº 9394* de 20/12/96), que divide a educação em duas etapas:

I - Educação básica, que compreende:
Educação infantil (creches - 0 a 3 anos e pré-escola - 4 e 5 anos)
Ensino fundamental (6 a 14 anos)
Ensino médio (15 a 18 anos)

II - Educação superior

Dentre as diversas propostas que surgem, hoje, com base na filosofia construtivista da educação, nascida, sobretudo, das pesquisas de Piaget, destaca-se a "pedagogia de projetos", que possibilita ao educando exercer a função de coautor de sua aprendizagem. Segundo a pesquisadora francesa Josette Jolibert, essa pedagogia possibilita à criança:

1. não depender só da escolha dos adultos;
2. decidir e comprometer-se com suas escolhas;
3. assumir responsabilidades;
4. projetar-se no tempo pelo planejamento de suas ações e de seu aprendizado;
5. ser agente de sua aprendizagem, produzindo algo que tem um sentido e uma utilidade.

Esses objetivos se afiguram convergentes com os propósitos da evangelização espírita, cuja finalidade é permitir o desenvolvimento de indivíduos renovados pela fé raciocinada, conforme preconiza a doutrina espírita.

Com o estilo de trabalho aqui proposto, a criança vai estruturar o seu saber em interação permanente com o ambiente que a rodeia, terá na evangelização espírita um ponto de apoio, lugar de enraizamento, de experimentação, de realização, de confrontação, de êxito, enfim, de preparação para a vida social, sedimentando conceitos básicos para viver com alegria e consciência de si mesma, do outro e do espaço/tempo em que vive.

Aplicamos este programa em nossa própria escola: Recanto do Sol – Espaço Infantil, em Juiz de Fora (MG), de 1997 a 2000, com excelentes resultados, e pudemos observar que o engajamento dos pais na ação pedagógica torna-a mais interessante, permitindo a obtenção mais rápida das metas que estão traçadas.

Neste trabalho, realizamos algumas alterações, tendo em vista que, na evangelizaçao espírita, há significativa redução das horas em que é possível o contato com as crianças e trabalham-se conteúdos bastante específicos, pertinentes aos fundamentos doutrinários.

Nossa experiência no Recanto do Sol mostrou-nos também que os quatro projetos aqui apresentados podem igualmente ser desenvolvidos com êxito em classes de crianças de 7 a 14 anos, com pequenas modificações.

Já ficou bem evidente em nossas reflexões até aqui que a criança não é um adulto em miniatura, como se pensava antigamente e, embora saibamos que ela representa o retorno à vida de um espírito que pode ser bastante experimentado, sabemos que, ao reencarnar, ele esquece o pretérito, a fim de obter a chance de refazer seus próprios caminhos, corrigindo os equívocos cometidos no passado, criando novas conexões nervosas e, portanto, novas programações. Assim, a criança é, de fato, um ser pequenino, frágil, carente de amparo, capaz de assimilar o que acontece a sua volta e inteiramente aberto à ação dos seus educadores. Atualmente sabemos que os seus novos e primeiros registros, em cada encarnação, se dá no ventre materno (e isso precisa ser ensinado às futura mãezinhas em potencial).

Nos primeiros anos de vida, a criança aprende pela imitação. Ela imita constantemente não só os gestos externos dos adultos, como seus movimentos internos, porque ela está mergulhada na ambiência energética criada pelos pais, num estado que não conhece defesa ou crítica, só conhece confiança. Essa é a faixa etária em que, como já vimos, consolidam-se importantes aquisições para toda a existência, por isso acreditamos que os evangelizadores precisam dedicar-se com mais empenho à tarefa junto a esses pequeninos.

Aproximando os princípios básicos da doutrina espírita do conteúdo básico definido pela *Lei nº 9394*, organizamos os projetos, partindo de quatro perguntas fundamentais:

1º - QUEM SOU?

Nesse projeto, trabalhamos o ser humano, considerando-o criatura de Deus destinada à imortalidade e à plenitude de ser. Como conteúdo específico, focalizamos o corpo físico e o corpo espiritual. A ideia básica é partir daquilo que a criança conhece para introduzir novas informações por meio de atividades dinâmicas e lúdicas.

2º - DE ONDE VIM?

Focaliza-se, nesse momento, a realidade espiritual e busca-se desenvolver a percepção de que a Terra é um dentre os planetas habitados do universo.

3º - POR QUE ESTOU NA TERRA?

Procurando o entendimento de necessidade que cada criatura tem de se aperfeiçoar, trabalhamos as questões relacionadas à ação do homem no mundo, inserindo o conceito da reencarnação e o da influência dos espíritos em nossas vidas.

4º - PARA ONDE VOU DEPOIS DESTA EXISTÊNCIA?

Aqui, o que está em foco é a morte, vista como transição para uma nova realidade. Seguindo a metodologia adotada, parte-se da noção de que a criança necessita deixar seu lar para ir à escola e depois retorna a ele, para trabalhar outras formas de ausências. Entra também nesse contexto a discussão sobre a destinação futura: céu ou inferno, a serem entendidos conforme o ensino básico da doutrina espírita.

Marca-se o final de cada projeto com eventos artísticos, destacando-se o teatro como forma de retomar o conteúdo trabalhado, envolvendo também os pais em momento dinâmico e integrador.

Essa pequena contribuição pretende mostrar como implementar, no dia a dia da evangelização espírita, um trabalho que combine modernas propostas pedagógicas com os conteúdos doutrinários, tornando a tarefa mais produtiva e desafiadora. Solicitamos a contribuição de todos os que também se interessem por esse campo de ação, no sentido de apresentar-nos suas considerações críticas do trabalho ora apresentado, a fim de que possamos melhorá-lo cada vez mais.

PRIMEIRO PROJETO - QUEM SOU?

OBJETO DO CONHECIMENTO:
O SER HUMANO COMO CRIATURA DE DEUS, SUA ORIGEM, IMORTALIDADE E EVOLUÇÃO.

OBJETIVOS:
Geral: identificar os corpos que têm vida e compreender a função da vida.
Específico: desenvolver o amor pelo próprio corpo e trabalhar sua relação com o corpo espiritual.

AVALIAÇÃO:
Análise da participação e do desempenho de cada criança durante as aulas.

PREPARAÇÃO	DESENVOLVIMENTO	CONCLUSÃO
Partindo do que a criança conhece sobre a sua própria história, desde o nascimento, estimular sua curiosidade sobre as funções de corpo. O que sabemos? O que queremos saber? Como vamos saber?	Anotar as sugestões que as crianças dão, tais como: recortar figuras humanas das revistas, figuras de animais, de objetos etc. **Sugestões ao professor:** Trabalhar o que é visível e invisível. As coisas podem aparecer e desaparecer. A energia das coisas (calor das mãos, a força do vento etc.). O que é Deus? A causa de todas as coisas. Observar como as coisas se formam, o início. As sensações (quente, frio, dor, alegria etc.) Exercícios de movimentos cinestésicos, imaginação criativa. Trabalhar com retratos da criança em diversas fases: quando bebê, ao completar um ano etc. A posição da criança na família (primeiro filho, filho do meio, caçula). A família (número de pessoas, suas ligações de parentesco). Desenhar as mãos no papel (esquerda e direita), recortar e colocar no mural. Desenhar o contorno do corpo em papel pardo, recortar e vestir com roupas das crianças. Desenvolver os sons que o corpo pode fazer. Pesar e medir cada criança, estabelecendo comparações entre elas. Valorizar a beleza das diferenças. Movimentar o corpo no ritmo da dança. Trabalhar os órgãos dos sentidos. A morte como fim de uma etapa: contar a história da lagarta que se transforma em borboleta. O anjo da guarda ou guia espiritual. A história de Adão e Eva na interpretação da doutrina espírita. Jogos de psicomotricidade: dentro e fora, coelhinho na toca, pular corda etc.	Montar vários murais no decorrer dos trabalhos, relatando as experiências e descobertas do grupo. Elaborar um livro com a ajuda da família, com textos e desenhos elaborados pelas crianças e figuras recortadas de revistas.

SEGUNDO PROJETO – DE ONDE VIM?

OBJETO DO CONHECIMENTO:
A REALIDADE ESPIRITUAL

CONTEÚDO ESPECÍFICO

A PLURALIDADE DOS MUNDOS HABITADOS

DURAÇÃO

3 MESES

OBJETIVOS:

Geral: pesquisar informações que confirmem as palavras do mestre: "Há muitas moradas na casa de meu Pai."

Específico: definir onde se encontra a Casa do Pai e quais são as moradas a que Jesus se refere.

AVALIAÇÃO:
Análise da participação e do desempenho de cada criança durante as aulas.
Levar cada criança a relatar sua participação e desempenho.

PREPARAÇÃO	DESENVOLVIMENTO	CONCLUSÃO
Pesquisar com as crianças a localização de coisas que ela conhece, tais como a casa, o parque, a escola etc. Conduzir o pensamento para a pergunta: de onde você veio, quando chegou aqui? Discutir: Quem gosta de sonhar? Podemos mandar nos sonhos? Sonhamos o que queremos? Vamos a lugares desconhecidos em nossos sonhos? Por quê?	Trabalhar os itens: Onde fica sua cidade? (usar mapa) Dramatizar o sistema solar (trabalhar com música e dança). Muitas coisas existem que nossos sentidos não percebem (exercícios para trabalhar bastante esse conceito). Onde é a realidade espiritual? Nós podemos vê-la? Vamos imaginar uma casa (escola, cidade) nessa realidade invisível? Como será o dinheiro de lá? Que tipo de roupa eles usam? Quem já viu um espírito? Como será um espírito? Nas casas chamadas 'mal-assombradas' há espíritos? Vamos criar um amigo invisível? Alguém se lembra de ter pedido para nascer? De onde viemos? Por que precisamos dormir? Conversar sobre os sonhos de cada um. A realidade espiritual é o universo? O que é o universo? Envolver os pais com pesquisas sobre o mundo, os povos que vivem no mundo, as estações do ano etc. Partir sempre daquilo que a criança já conhece.	Montar murais e livros com as experiências e descobertas das crianças.

TERCEIRO PROJETO – POR QUE ESTOU NA TERRA?

OBJETO DO CONHECIMENTO:
A MISSÃO DO HOMEM NA TERRA

CONTEÚDO ESPECÍFICO

A INFLUÊNCIA DOS ESPÍRITOS NOS NOSSOS ATOS

DURAÇÃO

3 MESES

OBJETIVOS:

Geral: levar as crianças a entenderem o que é aperfeiçoamento dentro da frase de Jesus: "Sede perfeitos como vosso Pai do Céu é perfeito."

Específico: pesquisar com as crianças a razão da existência na Terra e o conhecimento gradativo que acontece em cada existência. A construção das duas asas da evolução humana, a importância da vida em família e o trabalho voluntário como fator de crescimento social.

AVALIAÇÃO:
Organizar um mural com as pesquisas das crianças, com o título:
O que vim fazer aqui na Terra?

PREPARAÇÃO	DESENVOLVIMENTO	CONCLUSÃO
Conduzir o pensamento para as ideias: Por que fazemos as coisas? Por que comemos? Por que assistimos aos programas da televisão? Por que tiramos férias? Etc.	Nós fazemos as coisas que achamos boas para nossa vida. Por que os pais trazem seus filhos para a escola? O que estamos fazendo aqui? Espíritos desencarnados habitam também a Terra? Como eles nos influenciam? Diferença entre entender e compreender. (projeto 1868) Indagar: Quem sabe tocar um instrumento? Explorar uma flauta ou uma gaita. O assovio. Quem sabe plantar uma couve, uma laranjeira, etc.? Por que devemos nos alimentar bem? Montar um supermercado. Fazer um bolo ou qualquer outro prato, utilizando uma receita. Cultivar uma horta. Tudo que é vivo, nasce, cresce, se multiplica e morre. Para quê? O que é a lei da sobrevivência? Estudo das leis morais. Quem sabe falar outra língua? A diversidade dos dons (carismas). O sermão do monte: O que vale mais, o corpo ou as vestes? O tempo e o espaço Os Cinco Esses	Levar as crianças a perceberem que estamos na Terra para aprender o máximo que pudermos no tempo que nos é dado.

QUARTO PROJETO – PARA ONDE VOU DEPOIS DESTA EXISTÊNCIA?

OBJETO DO CONHECIMENTO: A VERDADEIRA DIMENSÃO DA VIDA.
PALAVRAS DE JESUS: "VIM PARA QUE TODOS TENHAM VIDA E VIDA EM ABUNDÂNCIA."

CONTEÚDO ESPECÍFICO	**DURAÇÃO**
A MORTE NÃO EXISTE. JESUS PROVOU QUE A MORTE É APENAS UMA MUDANÇA DE DIMENSÃO.	**3 MESES**

OBJETIVOS:

Geral: levar as crianças a observarem as leis da natureza. Por que as águas do mar não entornam? Por que os mundos não se chocam?

Específico: proporcionar às crianças a oportunidade de perceber as questões relacionadas à lei de ação e reação.

AVALIAÇÃO:
Exposição dos trabalhos. Observação da participação das crianças.

PREPARAÇÃO	DESENVOLVIMENTO	CONCLUSÃO
Para onde vamos depois da aulinha? Por que não podemos ficar aqui? Todos têm para onde ir?	Partir do que é conhecido pelas crianças: Quem já ouviu falar do céu? Como é o céu? E o inferno? Será que existem céu e inferno? Observar a metamorfose da lagarta em borboleta (gravuras ou vídeo) Contar a história: "A Festa no Céu" Os animais também vão para o céu? O que acontece com que vai para o inferno? Pesquisa sobre céu e inferno. Os ensinos espíritas sobre o céu e o inferno. Pesquisa: "Nada se perde, tudo se transforma". Podemos habitar em outros planetas? Alguém já ouviu falar em discos voadores e ETs? Vamos imaginar os moradores do sol? Como poderemos passear pelas estrelas? O perispírito. A pluralidade dos mundos habitados. A reencarnação. Perdemos a nossa identidade quando morremos? O que é a morte?	Cartazes sobre "as cidades do espaço". Dar asas à imaginação e montar cidades diferentes com seres diferentes: casas que flutuam, vestes brilhantes etc.

2. Uma Aula de Evangelização Deve Ter as Seguintes Etapas

Primeira etapa: A prece.

Iniciar sempre por uma prece.

Observar a respiração. Ensinar a respirar fundo (prender a respiração e soltar), conectar com a pineal (olhar um ponto fixo no alto e fechar os olhos vagarosamente).

Segunda etapa:

Repetir frases de apoio à autoestima: "Eu sou filho de Deus! Sou forte, sou inteligente, sou capaz! Etc."

Terceira etapa:

Exercícios ativos (cantar, pular, subir, descer, movimentos de braços, pernas e equilíbrio: teatro, dramatizações, jograis).

Quarta etapa:

Exercícios moderados (poesias, raikais, desenhos, colagens, pinturas etc.).

Quinta etapa:

Exercícios calmos: relaxamentos, alongamentos etc.

Ultima etapa: Avaliação.

Conexão com a dimensão espiritual;

Prece de encerramento.

ESCLARECENDO CADA ETAPA

Primeira etapa:

TREINAMENTO PARA FAZER PRECE

1. Com quem vou falar? (Deus, Jesus, mãe de Jesus, Guia Espiritual, amigos espirituais, mentor da casa, etc.)
2. O que vou falar? (pedir ou agradecer?)
3. Por que devo orar? (a visão holística do mundo)
4. Como iniciar?

Querido Deus, querido Jesus, amigo Jesus, bondoso Jesus (solicitar ajuda das crianças para a evocação).

Obs: Antes de solicitar a alguma criança que faça a prece, é preciso motivar a turma com as perguntas: - O que vamos pedir, hoje, na prece? O que vamos agradecer? (Isso direciona e facilita para quem vai orar).

HARMONIZAÇÃO: (antes da oração)

- Coloque as mãos na posição da oração e respire profundamente.
- Levante os braços, estenda as mãos para cima e alongue, curvando o corpo ligeiramente para trás. Expire e vá levando lentamente os braços para o chão, a cabeça caindo para a frente e o tronco se dobrando até tocar o chão com as pontas dos dedos.
- Posição no chão dos muçulmanos

Levantar os olhos em um ponto fixo no teto (acessar a pineal), fechar os olhos vagarosamente e solicitar que alguma criança inicie a prece.

Sempre fazer uma apreciação positiva da atuação de quem fez a prece.

Durante as atividades, toda conquista deve ser festejada e aplaudida (alegria e movimento).

Segunda Etapa:

Frases de Apoio à Autoestima

1. Eu sou lindo e muito amado.
2. Eu amo e sou amado.
3. Eu compreendo todo mundo e todo mundo me compreende.
4. Não existe ninguém igual a mim.
5. Fui feito por Deus para o amor e a felicidade.
6. Tudo na minha vida dá sempre certo.
7. Eu amo a vida, porque a vida é Deus.
8. Sei que posso aprender tudo que desejar aprender.
9. Sou muito inteligente e bondoso.
10. Amo o meu corpo. Ele me permite crescer e ser feliz.
11. Amo Jesus e Ele me ama.
12. Agradeço ao meu guia espiritual todo o bem que ele me faz etc.

Terceira Etapa:

Exercicios Ativos

Conhecimento do corp

1. Andar nas pontas dos pés e calcanhares;
2. andar imitando passos de animais: macaco, sapo, cavalo, pato etc.;
3. assentar, deitar, levantar-se sem a ajuda das mãos;
4. movimentos de carrinho de mão (dois a dois);
5. em roda, dar um passo para frente, para trás etc.;
6. um passo para frente e uma palma etc.;
7. escravos de jó em roda com as crianças etc.;
8. coordenação das mãos: rotação com os braços, com as mãos, abrir e fechar as mãos etc.;
9. mexer com a cabeça, dar de ombros etc.;
10. explorar as partes do corpo com as mãos;
11. fazer o boneco de papel para movimento do corpo. Cada criança faz o seu.

Quarta etapa:

Exercicios Moderados

1. Desenhar o sol com as mãos, desenhar no ar para o outro descobrir o que é;
2. pintura, argila etc.;
3. teatrinho. Ex.: A dona baratinha, a linda rosa juvenil etc.;

4. músicas evangélicas e cantigas de roda;
5. haikai para as crianças de seis anos em diante;
6. representação mental: desenhar na imaginação cada parte do corpo conduzido pelo evangelizador;
7. contar histórias;[50]
8. todo tipo de alongamento.

Quinta etapa:

EXERCICIOS CALMOS

1. Todo tipo de alongamento: braços, pescoço, olhos etc.
2. dar risadas;
3. exercícios respiratórios.

EXERCICIOS DE IMAGINAÇÃO

1. Cascata de Luz branca;
2. viagem em uma nuvem;
3. viajar no tempo - a máquina do tempo;
4. viajar para outro planeta em uma nave espacial;
5. converse com o seu cérebro (sinta a energia dele com as mãos);
6. encontro com o anjo da guarda;
7. a casa dos espelhos;
8. encontro com os antepassados no jardim especial etc.

(depois de cada exercício poderá haver ilustração com desenhos)

Última etapa:

AVALIAÇÃO:

"Como foi o nosso encontro hoje? O que aprendemos?"

PREPARAÇÃO PARA A PRECE

"O que vamos agradecer?"

CANTIGAS DE RODA

1. Ciranda, cirandinha
2. Se esta rua fosse minha
3. Fui no Tororó
4. Pai Francisco
5. O Cravo e a Rosa

---

[50] BRANDÃO, Leila. *Uma história bem contada.* Rio de Janeiro: Editora Celeiro, s/data.

6. O Meu Chapéu
7. Marcha Soldado
8. Terezinha de Jesus
9. Atirei o pau no gato
10. Samba Lelê
11. Roda Pião
12. O Coelhinho de pelo branquinho
13. A canoa virou
14. A minha avó tinha um pintinho...
15. Soldadinho - Eu sou um soldadinho, sou militar...
16. A Rosa Juvenil
17. O Galinho (há 3 noites que eu não durmo...)
18. Mulher rendeira
19. O sapo não lava o pé
20. 20-Pirulito que bate bate
21. Fui a Espanha
22. Sapo Jururu
23. Carneirinho, carneirão

Populares

24. Sereno eu caio, eu caio
25. Do-ré-mi-fá (versão)
26. A Casa - era uma casa, muito engraçada...
27. Beijinho Doce
28. Noite Feliz
29. O pato - o pato pateta, pulou o caneco, surrou a galinha, bateu no marreco...

Evangélicas

30. Nas conchinhas lá do mar...
31. Quando a chuva cai...
32. Há um mundo bem melhor...
33. Dê um sorriso só...
34. Se você no céu, conseguir entrar...

Exemplo de Uma Aula para Crianças de 3 a 5 Anos

PRIMEIRA UNIDADE: QUEM SOU?

1ª etapa: Harmonização

- Contato com a pineal.
- A prece.

2ª etapa: Frases de auto-estima

- Eu sou filho de Deus, herdeiro do universo.
- Sou forte, inteligente e capaz de aprender tudo.
- Sou amoroso e bom.
- Fui feito para o amor e a felicidade etc. (escolher duas)

3ª etapa: exercícios ativos

- Vamos observar as nossas pernas? O que podemos fazer com elas? (agachar, levantar, correr, chutar etc.)
- Medir os passos, correr agachado, dar o pulo cada vez mais alto, carrinho de mão (duas crianças) etc.

4ª etapa: exercicios moderados

- Teatrinho da Dona Baratinha ou o boneco de papel

5ª etapa: exercício de relaxamento

- Viajar em uma nuvem e encontrar-se com o melhor amigo

6ª etapa: O que aprendemos hoje? Quem irá fazer a prece?

3. A Unificação do Movimento Espírita

Allan Kardec sintetiza o espírito da atividade de unificação ao asseverar claramente, no item 334, do Capítulo XXIX, de *O livro dos médiuns*, falando da conveniência da multiplicação dos grupos espíritas:

> Esses grupos, correspondendo-se entre si, visitando-se, permutando observações, podem, desde já, formar o núcleo da grande família espírita, que um dia consorciará todas as opiniões e unirá os homens por um único sentimento: o da fraternidade, trazendo o cunho da caridade crista.

Existe, hoje, uma grande preocupação com a unificação, pois atuar em conjunto torna o movimento forte coeso, caracteriza o que é espiritismo e o que não é, favorecendo o desenvolvimento das ações de divulgação, e por isso, mais do que nunca, torna-se imprescindível um maior relacionamento entre as instituições espíritas para troca de experiências no campo doutrinário, beneficente e até mesmo administrativo, através das quais as próprias instituições serão beneficiadas com o acervo das conquistas de suas coirmãs nesses diversos setores de atuação.

Da mesma forma que cada centro espírita depende do aperfeiçoamento moral de cada um de seus membros e da respectiva participação nas suas diversas atividades, a atividade de unificação depende também de cada centro espírita, da sua participação e consequente integração aos órgãos de unificação local, regional ou central. Isso equivale a dizer que o organismo federativo espírita depende da inter-relação de todas as suas células vitais para a sua existência e autossustentação.

Temos trabalhado intensamente em prol da unificação e queremos destacar que o desenvolvimento dos projetos aqui apresentados para a evangelização espírita não substitui a utilização dos programas propostos pela Federação Espírita Brasileira para a evangelização infantil, ao contrário, nosso propósito é que eles sejam inseridos na programação que a casa desenvolve, de acordo com as unidades propostas, que estão especificadas abaixo:

PROGRAMA DE EVANGELIZAÇÃO DA FEB

MATERNAL

Módulo I - O ESPIRITISMO: Parte 1 - 10 aulas; Parte 2 - 9 aulas.

Objetivo geral do módulo: despertar na criança o amor e o respeito a Deus - Nosso Pai e Criador de todas as coisas -, apresentando-lhe a Sua obra.

Módulo II - O CRISTIANISMO - 3 aulas.

Objetivo geral do módulo: conhecer os principais fatos da vida de Jesus, identificando-o como nosso Mestre.

Módulo III - CONDUTA ESPÍRITA - VIVÊNCIA EVANGÉLICA: Parte 1 - 8 aulas; Parte 2 - 8 aulas.

Objetivo geral do módulo: estimular na criança a prática dos bons hábitos, amando e respeitando a si própria, à família, ao próximo e à natureza.

JARDIM DA INFÂNCIA

Módulo I - O ESPIRITISMO - 13 aulas.

Objetivo geral do módulo: apresentar Deus na visão espírita, como Pai e Criador, observando a beleza da criação divina e aprendendo a se relacionar com ele por meio da oração. Compreender a importância do corpo físico para a busca da perfeição.

Módulo II - O CRISTIANISMO - 7 aulas.

Objetivo geral do módulo: conhecer o cristianismo, doutrina fundamentada nos ensinamentos de Jesus, destacando a relação entre Jesus e Kardec, o Codificador do espiritismo.

Módulo III - CONDUTA ESPÍRITA - VIVÊNCIA EVANGÉLICA - 19 aulas.

Objetivo geral do módulo: levar as crianças a cultivarem hábitos de boas maneiras, de trabalho, de respeito e amor à família, ao próximo e à natureza.

1º CICLO DA INFÂNCIA

Módulo I - O ESPIRITISMO - 12 aulas.

Objetivo geral do módulo: reconhecer o corpo como instrumento do espírito e como criação de Deus, que nos ama e protege, bem como a necessidade da ligação do homem com Ele. Compreender o espiritismo como a doutrina codificada por Allan Kardec.

Módulo II - O CRISTIANISMO - 9 aulas.

Objetivo geral do módulo: conhecer o Decálogo e os fatos históricos que antecederam e prepararam a vinda de Jesus; compreender o cristianismo como revelação do amor; destacar no espiritismo a missão de desenvolver, esclarecer e explicar os ensinos do Cristo.

Módulo III - CONDUTA ESPÍRITA - VIVÊNCIA EVANGÉLICA - 16 aulas.

Objetivo geral do módulo: despertar o interesse pela vivência evangélica, favorecendo situações de aprendizado que levem o evangelizando a desenvolver hábitos e atitudes de respeito e amor à família, ao próximo e à natureza.

2º CICLO DA INFÂNCIA

Módulo I - O ESPIRITISMO - 14 aulas.

Objetivo geral do módulo: reconhecer a doutrina espírita como a chave para uma melhor compreensão da morte, da existência do espírito, da reencarnação, da evolução, da bondade e sabedoria de Deus; compreender o sentido da prece e as condições em que deve ser feita para sua maior eficácia.

Módulo II - O CRISTIANISMO - 10 aulas.

Objetivo geral do módulo: identificar a missão de Moisés e reconhecer o decálogo como a base da conduta correta da humanidade; conhecer os fatos da vida de Jesus, relacionando-os com as experiências vividas por nós.

Módulo III - CONDUTA ESPÍRITA - VIVÊNCIA EVANGÉLICA - 13 aulas.

Objetivo geral do módulo: conscientizar-se da importância do autoaperfeiçoamento e da vivência cristã no lar e na sociedade.

3º CICLO DA INFÂNCIA

Módulo I - O ESPIRITISMO - 18 aulas.

Objetivo geral do módulo: reconhecer a existência de Deus, analisando toda a sua criação; compreender o amparo e a sustentação que podemos obter quando nos ligamos a Ele pela prece. Reconhecer em Allan Kardec o Codificador da doutrina dos espíritos, bem como os princípios e conceitos que formam as bases do espiritismo.

Módulo II - O CRISTIANISMO - 9 aulas.

Objetivo geral do módulo: compreender os fatos históricos que antecederam a vinda de Jesus como momentos preparatórios para o advento do cristianismo. Reconhecer a relação existente entre a doutrina do cristo e o espiritismo.

Módulo III - CONDUTA ESPÍRITA - VIVÊNCIA EVANGÉLICA - 11 aulas.

Objetivo geral do módulo: compreender o significado da expressão 'conduta espírita', citando maneiras de evidenciar essa conduta nas relações consigo mesmo, na família e na sociedade.

A partir da experiência é que se poderão refinar as conexões entre as unidades do programa de evangelização para cada ciclo e os quatro projetos que descrevemos. Será muito enriquecedor podermos contar com sua apreciação, evangelizador. Entre em contato, participe ativamente. Vamos construir juntos a possibilidade de fazer a diferença na vida dos nossos evangelizandos. Não é o tempo contado em minutos que pode significar essa diferença, mas a qualidade da relação que construímos. Pense nisso!

PALAVRAS FINAIS

Bem, chegamos ao final destas reflexões. Final?! Bem, na verdade, não há como colocar ponto final neste assunto que envolve o universo educacional. Paramos por aqui, esperando que você, leitor(a), possa criticar e colaborar com as experiências que compartilhamos. Há sempre muito a dizer sobre o tema e queremos ouvi-lo também. Escreva para nós, envie *e-mail*, mostre também o que aprendeu e ainda aprende com seus filhos. A vida nos trouxe oportunidades preciosas de viver experiências gratificantes na condição de mães e professoras, por isso nos dispusemos a escrever com o intuito de falar sobre o que aprendemos, mas nem tudo pode ser transformado em palavras, até porque percebemos que há um longo caminho que ainda precisamos trilhar, no processo de nosso próprio aprimoramento. Bem vê que estamos com dificuldades de nos despedir e, assim, queremos entregar-lhe ainda o presente de Paulo Freire e Piaget, grandes mestres da educação:

DEZ PRINCIPIOS PARA UMA EDUCAÇÃO LIBERTADORA

PRIMEIRO: Falar.

É importante que a criança fale, que expresse suas ideias. Um educador não deve pedir silêncio. É justo que peça que as crianças moderem suas vozes, que falem mais baixo, que não falem ao mesmo tempo, porque é preciso também ouvir a fala do outro, mas falar é um direito da criança.

SEGUNDO: Agir.

O bom educador sabe a necessidade que uma criança tem de ação, de movimento. Ao invés de 'normas disciplinares', a escola deve propor muitos jogos e brincadeiras que envolvam, a um só tempo, ação, aprendizagem e prazer.

TERCEIRO: Não há erro.

A criança só realiza a tarefa que sabe. Quando erra, é porque não entendeu bem o que deveria fazer. Procuremos, pois, em cada erro buscar as atividades que devem ser propostas e estimular o seu entendimento.

QUARTO: Tomar consciência de sua ação.

O educador deverá ter sempre uma atitude de indagação, perguntando à criança o que está fazendo, como conseguiu realizar a tarefa, porque fez dessa e não de outra forma.

QUINTO: Devolver a pergunta.

Sempre que uma criança perguntar alguma coisa, devolva a pergunta para saber a sua opinião. Pedir a opinião dos outros, de algum adulto, confrontar as respostas e discuti-las. Quando damos às crianças respostas prontas, estamos atrapalhando a sua busca intelectual.

SEXTO: Uma criança aprende melhor brincando.

O desenvolvimento da criança depende do lúdico, ela precisa brincar para crescer. As atividades escolares deverão ser sempre prazerosas para as crianças.

SÉTIMO: A repetição no aprendizado.

Aplicar o que aprendeu em novos desafios. A repetição imposta pelo adulto é uma violência. O exercício deverá ser feito por meio de atividades generalizadoras, ou seja, alternativas novas para velhos conceitos.

OITAVO: Liberdade com responsabilidade.

É preciso estabelecer regras de convivência que precisam ser cumpridas. A liberdade de escolha é importante desde que não prejudique o outro.

NONO: A novidade.

A criança busca, incansavelmente, conhecer o mundo pela observação e pela experimentação. Se está passiva, acomodada, conformada, algo está errado. A escola deve, portanto, estimular o espírito científico, a criatividade e a curiosidade da criança.

DÉCIMO: O ambiente emocional.

A criança deverá sentir a escola como sua. Não poderá haver desavenças baseadas em preconceitos e preferências. Para que se sinta segura, será necessário o respeito, o carinho, a delicadeza entre todos os membros da comunidade escolar.

BIBLIOGRAFIA

ANDRÉA, Jorge. *Forças sexuais da alma.* 10ª Ed., Rio de Janeiro: FEB, 2007.

BAUMAN, Zigmunt. *O mal-estar da pós-modernidade.* Jorge Zahar, 1998.

BERGE, Yvone. *Viver o seu corpo: por uma pedagogia de movimento.* tradução Estela Santos Maria Eugenia de Freitas Costa. 2ª ed. São Paulo: Martins Fontes, 1983

BETTELHEIM, Bruno. *Psicanálise da alfabetização.* Tradução de José Luiz Caon. Porto Alegre: Artes Médicas, 1984.

BOFF, Leonardo. *A águia e a galinha.* Petrópolis: Vozes, 1977.

BRANDÃO, Leila. *Uma história bem contada.* Rio de Janeiro: Editora Celeiro, s/data.

BRANDÃO, Leila; SOUZA, Dalva; GUIDA, Cylene. *A morte não é bem assim.* Rio de Janeiro: CELD, 2008.

BRANDÃO, Leila; SOUZA, Dalva; GUIDA, Cylene. *A mãe na vitrine.* 1ª ed. Rio de Janeiro: CELD, 2010.

BRANDÃO, Leila; SOUZA, Dalva. *Manual para pais e professores de adolescentes.* 1ª ed. Rio de Janeiro: Celeiro, s/d.

BUSCAGLIA, Léo. *Amor.* tradução André Feijó Barroso. Rio de Janeiro: Editora Record, 1985.

BULFINCH, Thomas. *O livro de ouro da mitologia. Ediouro, 1999.*

CALVINO, Italo. *Seis propostas para o próximo milênio.* Trad. Ivo Cardoso. São Paulo: Companhia das Letras, 1990.

CARRETERO, Mário. *Construtivismo e educação.* Tradução de Jussara Haubert Rodrigues. Porto Alegre: Artes Médicas, 1997.

CEZIMBRA, Márcia. *Amor e longevidade.* Jornal O Globo, 7/3/99.

CHOPRA, Deepak. *A cura quântica.* São Paulo: Best Seller, s/d.

CHOPRA, Deepak. *Corpo sem edade, mente sem fronteira.* Rio de Janeiro: Rocco

DRUMMOND, Henry. *O dom supremo.* Tradução de Paulo Coelho. Rio de Janeiro: Editora Rocco, 1995.

ERIKSON, Erik H. *Infância e sociedade.* 2ª de. Rio de Janeiro: Zahar,1976.

FALCÃO, Daniela (jornalista). *Folha de São Paulo*, 02/02/98. "Aprendizado deve começar a partir do nascimento".

FÉRES-CARNEIRO,Terezinha. *Família e casal*. São Paulo: Edições Loyola, 2003.

FERREIRO, Emilia. *Reflexões sobre a alfabetização*. São Paulo: Editora Cortez, 1989.

FERREIRO, Emília & TEBEROSKY, Ana. *Psicogênese da linguagem escrita*. Porto Alegre: Editora Artes Médicas Sul Ltda., 1989.

FREIRE, Paulo. *Pedagogia do oprimido*. São Paulo: Editora Paz e Terra S/A, 1970.

FROMM ,Érich. *A arte de amar*. Tradução de Mílton Amado. Belo Horizonte: Editora Itatiaia, 1958.

GAIARSA, José Ângelo. *A família de que se fala e a família de que se sofre*. 1ªed. São Paulo: ÁGORA Ltda., 1986.

GAIARSA, José Ângelo. *O que é o corpo*. 2ªed. São Paulo: Brasiliense, 1986.

GARDNER, Howard. *A criança pré-escolar, como pensa e como a escola pode ensiná-la*. Porto Alegre: Artes Médicas, 1995.

GOLDIN, Alberto. *Freud explica*. Rio de Janeiro: Editora Nova Fronteira S/A, 1989.

GOLEMAN, Daniel. *Inteligência emocional*. São Paulo: Objetiva, 1996.

GOTTMAN, John & DECLAIRE, Joan. *Inteligência emocional e a arte de educar nossos filhos*. Rio de Janeiro: Objetiva, 1997.

GRANATO, Alice. *Revista Veja*, 16/06/99. "Porque é preciso dizer não". Editora Abril.

GUATTARI, Félix. *A cartografias do desejo*. 4ª ed. Petrópolis: Vozes, 1996.

IGNÁCIO, Renata Keller. *Criança querida*. Unesco.

JABLONSKI, Bernardo. *Até que vida nos separe*. Rio de Janeiro: Agir, 1998.

JOLIBERT, Josette. *Formando crianças leitoras*. Porto Alegre: Artes Médicas, 1994.

JUNG, C.G. *Psicologia do inconsciente*. Tradução de Maria Luiza Appy. Petrópolis: Vozes, 1983.

KARDEC, Allan. *O livro dos espíritos*. 41ªed. Rio de Janeiro: FEB, 1977.

KARDEC, Allan. *A gênese*. 19ª ed. Rio de Janeiro: FEB, 1977.

KARDEC, Allan. *O Evangelho segundo o espiritismo*. Rio de Janeiro: FEB, 1977.

LIMA, A. F. Santos Oliveira. *Pré-escola e alfabetização, uma proposta baseada em Paulo Freire e J.Piaget*. Petrópolis: Vozes, 1998.

LISBOA, Antonio Marcio Junqueira. *Brasília: linha gráfica*, 1997.

MAY, Rollo. *Psicologia e dilema humano*. Tradução de Álvaro Cabral. Rio de Janeiro: Zahar editores, 1977.

MAYER, Henry W. *Tres teorias sobre el desarrollo del niño: Erikson, Piaget y Sears*. Buenos Aires: Amorrortu, 1969.

MEUR, A. de. *Psicomotricidade: educação e reeducação, níveis maternal e infantil*. Tradução Ana Maria Izique Galuban e Setsuko Ono. S. Paulo: Manole, 1989.

MONTESSORI, Maria. *Em familia*. Tradução de Wilma Ronald de Carvalho. Rio de Janeiro: Editora Nórdica Ltda., 1987.

MOREIRA, A. *O espaço do desenho, a educação do educador*. S.Paulo: Loyola,1984.

MORIN, Edgar. *Os sete saberes necessários à educação do futuro*. São Paulo: Cortez, 2001.

NICOLAU, M.Lúcia Machado. *A Educação Artística da Criança, Fundamentos e Atividades*. S.Paulo: Ática, 1986.

OLIVEIRA, M. Kohl. *Vigotsky, aprendizado e eesenvolvimento, um processo sócio-hsitórico*. São Paulo: Scipione,1997.

Oliveira Lima, Lauro de. *Piaget para principiantes.* São Paulo: Sumus, 1980.

Oliveira, Vera Barros de & Bossa, Nádia A. *Avaliação psicopedagógica da criança de zero a seis anos.* Petrópolis: Editora Vozes, 1994.

Pastorino, Carlos Torres. *A sabedoria do Evangelho.* Disponível em http://www.espirito.org.br/portal/download/pdf/index.html. Último acesso em 09 de março de 2013.

Piaget, Jean. *A construção do real na criança.* Rio de Janeiro: Zahar, 1974.

Piaget, Jean. *A representação do mundo na criança.* Rio de Janeiro : Record, 1926.

Piaget, Jean. *A psicologia da criança.* S. Paulo: Difel, 1980.

Pereira, Sandra Borba. *Reflexões pedagógicas à luz do Evangelho.* 1ª ed. Curitiba: FEP, 2009.

Programa de educação pré-escolar – para as escolas estaduais de Minas Gerais. Belo Horizonte,1994.

Proler / *Caderno de Leitura,* vol. I. Rio de Janeiro, 1994.

Quoist, Michel. *Construir o homem o mundo.* Tradução Rose Marie Muraro. S.Paulo: Editora Livraria Duas Cidades, 1978.

Rodari, Gianni. *Gramática da fantasia.* São Paulo: Summus, 1982.

Rorvik, David M. *Admirável bebê novo.* São Paulo: Hemus, 1971.

Salk, Lee. *O que toda criança gostaria que seus pais soubessem.* 13ª ed. Rio de Janeiro: Ed. Record, 1982

Souza, Dalva Silva. *Os caminhos do amor.* Rio de Janeiro: FEB, 1996.

Souza, Dalva Silva. *Os caminhos da liberdade.* Vitória (ES): Feees, 2001.

Steiner, Rudolf. *Andar, falar, pensar – a atividade lúdica.* Tradução de Jacira Cardoso. São Paulo: Editora Antroposófica.

Steiner, Rudolf. *A educação da criança segundo a ciência espiritual.* Tradução de Rudolf Lanz. São Paulo: Editora Antroposófica, 1987.

Steiner, Rudolf. *A educação Waldorf.* Tradução da versão em castelhano: Alcides Grandisoli. S.Paulo: Associação Pedagógica Rudolf Steiner.

Varella, Flávia (jornalista). *Revista Veja,* 17/05/2000. "Pais são cobaias".

Veja, especial. "Sua criança do Nascimento até os Cinco". Abril de 1998.

Veiga, Aída. *Revista Veja.* Primeiros Passos. São Paulo . Fevereiro de 1999.

Vigotsky, L. S. *A formação social da mente.* S.Paulo: Martins Fontes,1989.

Vinícius. Na escola do mestre. São Paulo: Feesp, 1978.

Xavier, Francisco Cândido; Vieira, Waldo. *Sexo e destino.* Pelo espírito André Luiz. 5ª ed. Rio de Janeiro: FEB, 1963.

Xavier, Francisco Cândido. *Pensamento e vida.* Pelo espírito Emmanuel. Rio de Janeiro: FEB, 1959.

Xavier, Francisco Cândido. *O consolador.* Pelo espírito Emmanuel. 28ª ed. Rio de Janeiro: FEB, 2008.

Xavier, Francisco Cândido. *Missionários da luz.* Pelo espírito André Luiz. 10ª ed. Rio de Janeiro: FEB, s/d.

Conheça outras obras do Instituto Lachâtre:

Nossos Filhos são Espíritos
– Herminio C. Miranda

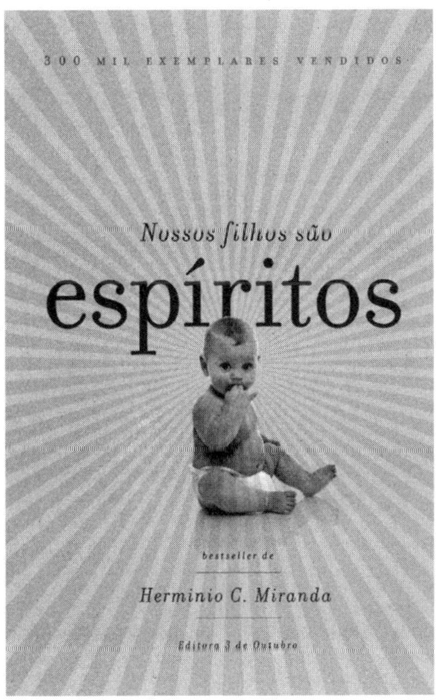

Um dos maiores sucessos da literatura espírita, *Nossos Filhos são Espíritos* mostra que, além do corpinho frágil com que iniciamos nossas vidas, existe um espírito imortal, dotado de personalidade, maturidade e tendências que podem ser modificadas através da educação e dedicação dos pais. Leia e descubra como entender seu filho melhor.

LACHÂTRE
Caixa Postal 164 – CEP 12914-970 – Bragança Paulista – SP
Telefone: 11 4063-5354
Página na internet: www.lachatre.org.br
E-mail: editora@lachatre.org.br

O Evangelhinho Segundo o Espiritismo

– Laura Bergallo –

(a partir da obra de Allan Kardec)

Em agosto de 1863, Kardec perguntou a um espírito sobre a obra que estava organizando em segredo. O sigilo valia também para o título, que o próprio editor só veio a conhecer no momento da impressão. O espírito respondeu que a obra teria enorme importância, não só no mundo religioso, como também para a vida prática das nações. Assim, em abril de 1864, surgia a primeira edição de *O Evangelho segundo o Espiritismo*. Cento e quarenta e cinco anos depois, com a publicação de *O Evangelhinho segundo o Espiritismo*, o público juvenil finalmente seria atendido com esta edição escrita especialmente para eles.

Série Transe e Mediunidade:

Passe

– Magnetismo Curador –

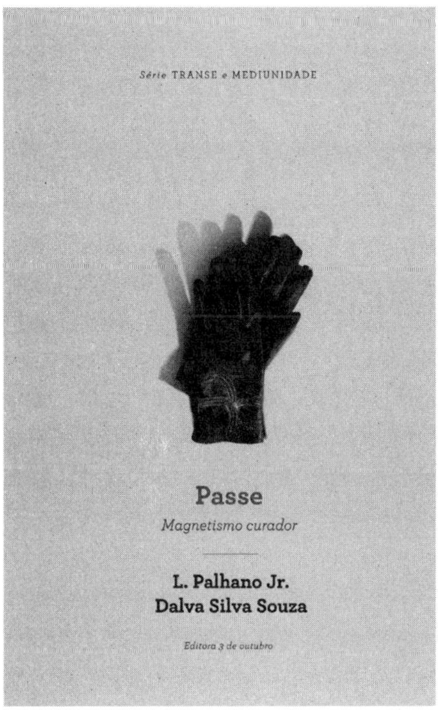

A cura através da imposição das mãos é tão antiga quanto a humanidade. Com a descoberta do magnetismo animal, por Mesmer, sob onome de passe magnético, a utilização das mãos no processo de cura passou a ter fundamentação científica. Como magnetizador, Allan Kardec também adotou opasse dentre as práticas espíritas.

Esta obra é um minucioso estudo do passe magnético e de sua utilização nas casas espíritas.

Transe e Mediunidade

Uma das mais importantes obras de L. Palhano Jr., o autor apresenta sua proposta de estruturação do trabalho mediúnico, com maior interação entre os planos espiritual e material e melhor compreensão dos fenômenos ocorridos.

Fruto de anos de pesquisa, o livro fornece indispensável material para compreensão mais profunda das bases psíquicas da mediunidade, de seus mecanismos e de sua aplicabilidade.

Obsessão – assédio por espíritos

A obsessão é um dos mais graves problemas que assolam a humanidade, nos dias de hoje. A partir da vinculação que conseguem estabelecer com os homens, espíritos atrasados detém a capacidade de influenciar a humanidade das mais diversas formas para que os homens sofram ou façam outros sofrerem. Esse fenômeno, muito estudado e combatido pelo espiritismo, encontra nesta obra um dos mais profundos estudos, detalhando suas causas, a forma de atuação das entidades infelizes e fornecendo os elementos para que o problema seja definitivamente solucionado.

O Livro da Prece

O livro da prece é o relato das experiências realizadas nos laboratórios do CIPES (Círculo de Pesquisa Espírita), tendo por objetivo explicar e comprovar a ação da prece. A partir dos estudos de Allan Kardec sobre o assunto, o autor revisa literatura especializada e descreve as experiências realizadas. A conclusão do trabalho não apenas reafirma a eficácia da prece, mas apresenta-nos condições para torná-la mais eficaz.

O Significado Oculto dos Sonhos

Com todo o avanço que a ciência contemporânea conquistou, uma pergunta tão simples que nos fazemos diariamente nunca teve resposta satisfatória: – O que significa o sonho que tive esta noite?

De posse de uma chave nunca antes utilizada pelos estudiosos do assunto, por puro e anticientífico preconceito, o conhecimento da dimensão espiritual do ser humano, o pesquisador L. Palhano Jr. consegue desvendar *O Significado Oculto dos Sonhos*.

Esta edição foi impressa em Setembro de 2013 pela Atlântica Gráfica e Editora Ltda, Cotia, SP, para o Instituto Lachâtre, sendo tiradas mil cópias, todas em formato fechado 160x230mm e com mancha de 125x190mm. Os papéis utilizados foram o Offset Printmax 75g/m^2 para o miolo e o Cartão Supremo Alta Alvura 300g/m^2 para a capa. O texto foi composto em Utopia Std 12/15, os títulos foram compostos 24/28.8, as citações e as notas, em 10/15. A programação visual da capa foi elaborada por Andrei Polessi.